MW01174934

Cómo potenciar la inteligencia del Bebé

65 divertidos juegos y actividades
para potenciar la inteligencia
del Bebé

Si desea recibir información periódica y gratuita
sobre nuestras publicaciones,
envíe sus datos a:

Amat Editorial
Travessera de Gràcia, 18-20, 6º 2ª
08021 - Barcelona
Tel. 93 410 97 93
Fax 93 410 28 44
e-mail: info@amateditorial.com

Cómo potenciar la inteligencia del Bebé

65 divertidos juegos y actividades
para potenciar la inteligencia
del Bebé

Linda Acredolo, Ph. D.
Susan Goodwyn, Ph. D.

La edición original de esta obra ha sido publicada en lengua inglesa por Bantam Books, New York, con el título: *Baby Minds. Brain-Building Games Your Baby Will Love.*

© Texto: Linda Acredolo, Ph. D., y Susan Goodwyn, Ph. D.
© Ilustraciones: Susan Goodwyn, Ph. D. Consultar asimismo el texto
y para la edición española
© Editorial Amat, S.L., 2006
Segunda edición 2006

Traducido por: *M.ª José Asís*

ISBN: 978-84-9735-093-8
Depósito legal: B. 19660-2003
Fotocomposición: gama, sl, Barcelona
Impresión: Novagràfik, s.l.

Dedicado con amor a nuestras madres, Jean y Marjorie

Índice

Prólogo

Bienvenidos al sorprendente mundo de los bebés. El viaje que le hemos preparado es fascinante e incluye una visión de las facetas de la mente del bebé que pocos padres (o investigadores, en este caso) imaginaron alguna vez. Pero antes de que empiece la excursión nos gustaría tomarnos un momento para presentarnos. En un principio pensamos decir en este momento: «Ante todo somos...» y después rellenar el espacio con el aspecto de nuestras vidas que más nos había influido para escribir este libro. Pero al final, no pudimos decidir cuál era. Desde luego, el hecho de haber pasado décadas realizando estudios diseñados cuidadosamente por nosotras mismas (que culminaron en nuestro primer libro, *Baby Signs*) nos ha hecho apreciar la destacada investigación de los demás. Los hallazgos que se han hecho en los laboratorios de psicología del desarrollo de todo el mundo son más que sorprendentes; también son importantes para la orientación de los padres y los educadores. ¡Qué vergüenza si todo este conocimiento logrado con tanto esfuerzo hubiera acabado simplemente acumulando polvo en oscuras revistas académicas!

Nuestra decisión de hacer accesible esta información a alguien más aparte de a nuestros alumnos es también producto de nuestros años en las aulas. Juntas hemos enseñado, literalmente, a miles de universitarios. Muchos de estos jóvenes venían a nosotras entusiasmados por el milagro del desarrollo y ansiosos por aprender más. Otros estaban allí por razones menos elevadas. Pero no importa cuáles fueran sus motivos al principio, estamos orgullosas de decir que muy pocos alumnos han dejado nuestros cursos sin haberse sorprendido ante el fascinante mundo oculto de la infancia. Una de nuestras mayores esperanzas es que *Cómo potenciar la inteligencia del Bebé* tenga el mismo efecto en usted.

No obstante, no nos hemos pasado toda nuestra vida adulta en las aulas o en el laboratorio de investigación. *Cómo potenciar la inteligencia del Bebé* también es evidentemente el resultado de haber sido madres de nuestros sorprendentes hijos: Linda de Kate y Kai y Susan de David y Lisa. Nos hemos maravillado, como todos los padres, de los cambios que parecen suceder ante nuestros ojos, de los tres años que pasan tan rápido que a veces, más que realidad, parecen un sueño. Nuestros hijos ya han superado la etapa del desarrollo de la infancia, pero las lecciones que hemos aprendido de ellos (y las lecciones que Susan aprende cada día de sus dos nietos, Brandon y Leannie) permanecen en nuestro recuerdo. Ellos nos han proporcionado algunos de nuestros ejemplos preferidos sobre el funcionamiento de la mente del bebé.

Por último, creemos que quizás usted valore saber que somos amigas íntimas así como colegas desde que Susan llegó a la Universidad de California, en Davis, en 1980, para empezar su proyecto de graduación. Linda había llegado sólo un par de años antes como profesora asistente. A las pocas semanas de nuestro primer encuentro, desarrollamos un nivel de amistad y camaradería que nunca perdimos, a pesar de que Susan se mudó para ser también profesora. Todavía trabajamos en proyectos de investigación y escribimos juntas, pero también nos reímos mucho, y esas risas son las que más apreciamos.

Ahora que sabe un poco más sobre las guías del viaje, abróchese el cinturón. El viaje está a punto de empezar.

Introducción

Nuevas ventanas
en el mundo de su bebé

El doctor Seuss triunfa entre el público recién llegado

Greensboro, Carolina del Norte. Unos cuarenta años después de que aparecieran por primera vez en las estanterías infantiles, los libros del doctor Seuss siguen deleitando y asombrando a los niños de menos de cinco años. Llévese *El gato ensombrerado* o *Huevos verdes con jamón* a la hora de dormir y será muy extraño que su pequeño hijo no sucumba ante su hechizo. Pero las últimas incorporaciones al club de admiradores del doctor Seuss han causado una especial sensación entre los científicos interesados en cómo se desarrolla el cerebro humano. El pequeño Micaelan es un buen ejemplo. A diferencia de los admiradores de Seuss de tres o cuatro años, la relación amorosa de Micaelan empezó ¡*antes* de que ella naciera! Y lo que es más, ella se lo «dijo» al mundo durante sus primeras horas de vida. Los científicos que pensaron incluso en plantearle la pregunta fueron los doctores Anthony DeCasper y Melody Spence de la Universidad de Carolina del Norte, en Greensboro. Como parte de un estudio diseñado para ver si el aprendizaje empieza antes del nacimiento, DeCasper y Spence pidieron a un grupo de mujeres embarazadas que leyeran una historia muy popular de Seuss, *El gato ensombrerado*, dos veces al día durante las últimas seis semanas de su embarazo. Después, durante las primeras horas de vida, los bebés tenían la opción de escuchar una cinta en la que su madre leía la historia que ya habían escuchado o una diferente. Cuando se encontró la correspondencia de los votos, que se descifraron de acuerdo a unos patrones de succión, los resultados fueron claros: estos niños preferían con diferencia la historia que les era familiar, y con ello demostraron a todo el mundo que, efectivamente, una parte del aprendizaje se produce en el útero. Aunque no hayan visto a mamá antes de nacer, ¡desde luego que la han oído!

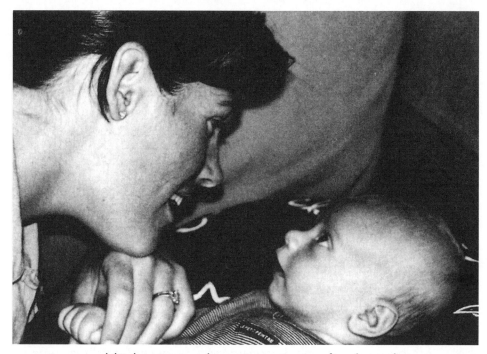

La mente del Bebé es un regalo precioso que se confía a los padres para su custodia. Sólo en la seguridad de una relación cálida y enriquecedora y un entorno abundante en estímulos puede un niño desarrollarse con plenitud.

Hoy estamos en los primeros días de un nuevo concepto de lo que son los bebés en realidad. Y justo cuando acabamos de abandonar el siglo veinte, también vamos abandonando nuestra concepción de la infancia del siglo veinte. William James, un destacado psicólogo de principios del siglo veinte, atrajo la atención de la opinión general cuando dijo de los bebés que experimentaban el mundo como «una gran confusión emocionante en ebullición». Por entonces, se creía que los bebés eran capaces de poca cosa más que de llorar, dormir y comer, que eran incapaces de ver las cosas, incluidas las personas de su alrededor, o de distinguir sonidos o voces.

Es sorprendente cuánto tiempo han persistido esas creencias. En 1977, un grupo de enfermeras de Seattle preguntaron a embarazadas primerizas a qué edad pensaban que sus bebés serían conscientes de las cosas que les rodeaban. La edad media que contestaron las madres fue de dos meses. Pero algunas madres predijeron que sus hijos tardarían ¡un año! La verdad es que, aunque la visión del bebé no es completa, un recién nacido puede ver lo que le rodea e incluso puede oír sonidos mientras todavía está en el útero.

Durante las dos décadas pasadas, la investigación infantil ha avanzado a pasos agigantados y ha revelado capacidades asombrosas de los recién nacidos. Mucho antes de que los bebés empiecen a hablar, por ejemplo, son capaces de contar, recordar sucesos y solucionar problemas. Pueden reconocer caras, ver colores, oír voces, distinguir sonidos orales e identificar los sabores básicos. Parece ser que la mente del bebé hace horas extras, procesa información y construye conexiones neuronales que servirán de cimientos para el desarrollo intelectual, social y emocional a lo largo de la vida. Estas revelaciones han llevado a los investigadores a concluir que, si el mundo del bebé es en realidad, como afirmaba William James, «una gran confusión emocionante en ebullición» desde el momento de nacer (y, en algunos casos, incluso antes), el bebé busca, clasifica y lo organiza activamente de formas sorprendentes.

¿Los bebés de hoy son más complejos en cuanto al desarrollo que los del pasado? Los bebés se han beneficiado sin duda de los cuidados y nutrición prenatales modernos, pero es casi seguro que los bebés siempre han tenido las mismas capacidades. Es decir, la nueva perspectiva de la infancia no es consecuencia del cambio que han experimentado los bebés; sino, más bien, es consecuencia del desarrollo de formas innovadoras para ayudar a los bebés a decirnos qué es lo que saben.

El ingenio científico es rentable

Si desea saber si un niño de tres años sabe contar hasta diez, si distingue un pájaro azul de uno rojo, o si sigue instrucciones sencillas, puede limitarse a pedirle que cuente, que señale el pájaro azul o que vaya al exterior y salte a la pata coja. Como un niño de tres años ya domina el lenguaje, sabe señalar, caminar y saltar a la pata coja, ya es capaz de proporcionar algún tipo de respuesta. Pero, ¿cómo pueden decir los investigadores qué está ocurriendo tras la expresión curiosa de un bebé de tres *meses*?

Al inventar varias formas de medir los comportamientos de los bebés, como succionar un chupete o mirar un objeto interesante, los investigadores infantiles han sido capaces de ayudar a que los bebés les digan lo que saben. Al medir el ritmo de succión, que cambia según el bebé esté interesado o aburrido, los investigadores han averiguado que los recién nacidos son capaces de distinguir algunos sonidos del lenguaje, como «pa» y «ba».

Los científicos han tenido que ser listos y agudos para superar los retos que plantea el inescrutable bebé humano. Las técnicas que han concebido para comprender lo que los bebés ven, sienten, oyen, recuerdan, etcétera son verdaderamente ingeniosas. Por ejemplo, puesto que sabemos que los recién nacidos normalmente están deseando succionar el chupete y son capaces de hacerlo, algunos investigadores han aprovechado esta conducta como forma de ayudar a los bebés a «describir» lo que hacen. Con la ayuda de una tecnología innovadora, los investigadores han sido capaces de medir los cambios en el ritmo de succión, permitiendo que los bebés demuestren su increíble capacidad de distinguir algunos sonidos orales. Parece ser que los bebés succionan más despacio cuando están prestando atención a algo que cuando están «desconectados». Por lo que, cuando se les presentaban sonidos orales similares, como «pa» y «ba», los bebés eran capaces de «decir» a los investigadores, al cambiar el ritmo de succión, que se habían dado cuenta de que se había producido un cambio entre uno y otro sonido oral. Mediante un gran número de métodos de investigación ingeniosos como éste, sabemos ahora que los recién nacidos llegan al mundo con todos los sentidos operativos (algunos incluso antes de nacer), lo que les permite aprender de las experiencias más precoces desde el principio.

Buenas noticias para padres y bebés

Aunque puede estar de acuerdo con que es mejor saber más sobre los talentos ocultos de su bebé, quizás se esté preguntando si su bebé va a beneficiarse del conocimiento que usted adquiera. ¿Se desarrollará de otra manera si usted entiende sus posibilidades? La respuesta a esta pregunta claramente es sí. Por ejemplo, recuerde que cuando se pidió a las embarazadas primerizas que predijesen la edad a la que creían que sus bebés serían conscientes del mundo que los rodeaba, la respuesta media se refería a un momento bastante tardío, alrededor de los dos meses. Pero lo más interesante para las enfermeras que realizaron el estudio fue que las edades de las madres encuestadas eran muy variadas. Mientras que algunas madres (13 por ciento) contestaron que ellas esperaban que sus hijos fueran conscientes de su entorno y capaces de ver y oír justo después de nacer, muchas más (36 por ciento) respondieron que esperaban que sucediera al cabo de más de dos meses, y algunas, al cabo de un año.

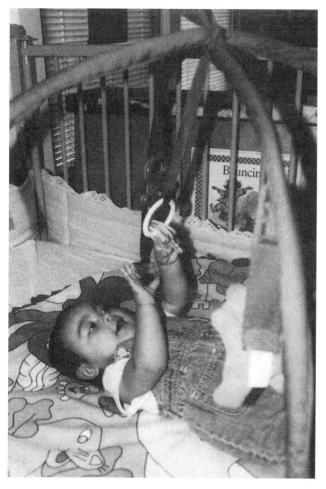

Cuando la pequeña Jordan está tumbada, se entretiene con los juguetes llenos de colores que penden de la cuna. Cuando se tumba sobre su barriga, percibe un edredón tejido con varias formas y colores brillantes igual de interesante y estimulante. Los bebés cuyas madres les proporcionan muchas cosas que ver y oír no son sólo bebés más felices, sino que también van adquiriendo experiencias precoces de aprendizaje muy importantes.

Esta variabilidad en los estudios de las madres fue lo que permitió a los investigadores que averiguasen si el conocimiento de los padres implicaba una forma de desarrollo diferente del niño. Al continuar estudiando a estas familias después de los nacimientos, los investigadores fueron capaces de comparar el progreso de los bebés a lo largo de los dos primeros años. Lo que descubrieron fue sorprendente y apasionante. Aunque aparentemente no había diferencias de desarrollo durante la evaluación que se hizo tras el nacimiento, al cabo de un año los bebés se diferenciaban claramente respecto a su desarrollo mental y psicomotriz; esas diferencias se mantenían cuando se volvió a evaluar a los niños a los dos años.

Por supuesto que hay muchas explicaciones posibles que justifican las diferencias en estas dos importantes áreas intelectuales. Pero dado que las madres eran tan radicalmente diferentes entre ellas en lo que se refiere al conocimiento de las capacidades del bebé, los investigadores se preguntaron si esta variabilidad sería útil para aclarar por qué los niños eran tan diferentes entre ellos. Descubrieron que, en efecto, sí era útil. Los niños más avanzados pasados dos años eran los hijos de aquellas madres que habían predicho que sus bebés tendrían las capacidades sensoriales al poco tiempo de nacer. Es decir, cuanto antes pensaba una madre que su hijo iba a ser consciente del mundo que le rodeaba, más capacidades intelectuales y cognitivas tenía su hijo. Pero, ¿cómo podía existir esa relación?, se preguntaban. ¿Trataban estas madres de manera diferente a sus bebés?

El paso siguiente consistía entonces en intentar averiguarlo. Cuando las enfermeras visitaron las casas de todas las familias cuando los niños tenían cuatro, ocho y doce meses, descubrieron que la naturaleza de la implicación de las madres hacia sus hijos era diferente. Las madres que sabían más de las capacidades de sus bebés podían ser más capaces de responderles emocional y verbalmente, de proporcionarles el material adecuado para jugar y de modelar oportunidades para vivir una serie de experiencias diarias estimulantes. Estas madres tenían más posibilidades de hablar a los bebés, de proporcionarles muchas cosas que ver y oír, y de permitirles que exploren activamente el mundo que les rodea.

Así que, como respuesta a nuestra pregunta, el conocimiento de los padres *sí* implica una diferencia. Implica una diferencia porque es más probable que los padres entendidos creen una mayor variedad de experiencias precoces para estimular la mente de sus bebés. A la luz de estos hallazgos, querríamos modificar el viejo refrán «Ojos que no ven, corazón que no llora» y hacerlo más práctico: «Ojos que *sí* ven, pueden *ayudar* a su bebé».

La conexión cerebral

¿De qué manera puede influir en el curso del desarrollo intelectual de un bebé cantarle o soplarle un diente de león bajo la nariz? La respuesta a esta pregunta es un gran descubrimiento. Por eso las palabras *desarrollo del cerebro* han salpicado prácticamente todos los periódicos y revistas durante los últimos dos años.

La ciencia ha descubierto recientemente que las experiencias precoces en realidad cambian las estructuras físicas del cerebro. Con la ayuda de la nueva tecnología de la imagen, los científicos ahora pueden observar el cerebro de un niño en acción. Acaricie la mejilla de un recién nacido: ¡zap! Se enciende una neurona y establece una conexión. Lea *El gato ensombrerado* a un bebé de tres meses y ¡zap, zap, zap! Se establecen más. Cada nueva experiencia produce conexiones neuronales cada vez más complejas y refuerza las que ya existen.

Hasta hace unos pocos años, se creía que las contribuciones genéticas del padre y de la madre se unían en el momento de la concepción para crear el cerebro de su descendencia, incluido el diseño de las conexiones predeterminadas. El desarrollo neurológico de un niño se activaba entonces a partir de un plan de conexiones neuronales predeterminado. Lo que han aprendido ahora los científicos es que los genes de la madre y del padre pueden determinar sólo los circuitos principales del cerebro del bebé (aquellos que controlan las funciones básicas como la respiración, los latidos del corazón, la temperatura corporal y los reflejos innatos). Este hecho hace que trillones de conexiones complejas estén determinadas por la estimulación que encontrará el cerebro del niño durante sus primeros años. Las experiencias precoces del entorno como escuchar música, por ejemplo, estimulan ciertas neuronas y hacen que éstas desarrollen conexiones con otras neuronas. A medida que el bebé escucha más y más música, se genera más y más actividad en la parte «musical» (auditiva) del cerebro, estimulando la red neuronal cada vez más compleja. Aunque no lo crea, hasta los bebés más pequeños perciben si la música es armoniosa o discordante y prefieren las armonías. Perciben los cambios en la melodía y en el ritmo, e incluso advierten si alguien conocido está cantando la canción.

Pero lo más interesante es la nueva información que indica que los beneficios de estimular una región específica del cerebro también benefician a otras regiones aparentemente muy distintas. Por ejemplo, como se verá más detenidamente en el capítulo 7, que sus hijos pequeños tomen clases de música no sólo estimula aquellas regiones del cerebro dedicadas a la música, sino también aquellas sensibles a ciertos tipos de pensamiento matemático. Qué consecuencia más imprevista y agradable a la vez: dos efectos por el precio de uno.

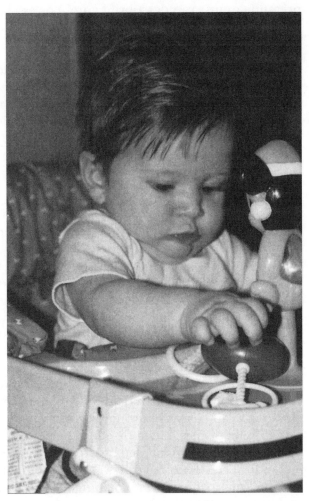

Por la mirada de Brandon, de nueve meses, vemos claramente que se toma en serio el «desarrollo de su cerebro». Sin duda, sus neuronas están progresando, procesando información y estableciendo conexiones neuronales que le servirán a lo largo de su vida.

Todas estas nuevas y emocionantes percepciones del desarrollo del cerebro son realmente noticias alentadoras para los padres y los bebés. Ahora existe, más que nunca, la sensación de que los niños tienen un potencial sin explotar (un potencial que se puede percibir mediante divertidas interacciones y experiencias estimulantes durante los primeros años). Los padres pueden disfrutar de esas horas de «tiempo de calidad» y alegrarse de saber que, en realidad, ellos *sí* constituyen la diferencia. Y cuantos más padres se den cuenta de estas buenas noticias, menos niños perderán la oportunidad de tener un desarrollo óptimo. *Cómo potenciar la inteligencia del Bebé* intenta difundir este mensaje.

El enfoque de la mente del Bebé

Cómo potenciar la inteligencia del Bebé no pretende enseñar a su hijo a leer ruso, hacer operaciones matemáticas complejas o reconocer un Picasso o un Dalí. En lugar de eso, *Cómo potenciar la inteligencia del Bebé* es una traducción del conocimiento científico más moderno a técnicas prácticas que usted puede incorporar fácilmente a sus rutinas diarias. *Cómo potenciar la inteligencia del Bebé* le llevará en un viaje fascinante a través del mundo de la investigación infantil, donde descubrirá las cosas asombrosas que su bebé puede hacer. Con este conocimiento a mano, estará bien preparado para proporcionar a su bebé las importantes experiencias precoces que él está buscando realmente (experiencias que disfrutará y agradecerá desde el día de su nacimiento). Incluso los recién nacidos están ansiosos y son capaces de aprender de su mundo.

Cómo potenciar la inteligencia del Bebé se estructura alrededor de seis habilidades intelectuales importantes que son los pilares de las futuras empresas académicas de nuestros hijos: la resolución de problemas, la memoria, el lenguaje, la lectura, el pensamiento matemático y la creatividad. Mediante el formato de Últimas noticias, *Cómo potenciar la inteligencia del Bebé* va relacionando competencias infantiles precoces con cada una de estas seis habilidades específicas, cuyas semillas están presentes a partir del nacimiento, esperando a ser alimentadas. Con cuidado y nutrición, estas semillas crecerán en las raíces neurológicas de los despertares intelectuales de su hijo durante toda su vida. Si usted está fascinado por los misterios del cerebro de su bebé y las maravillas de su desarrollo mental, entonces *Cómo potenciar la inteligencia del Bebé* es perfecto para usted, ¡y para su hijo!

Agradecimientos

Cómo potenciar la inteligencia del Bebé es el producto de muchísimas mentes además de las nuestras. Sin nuestros colegas de los campos de la psicología del desarrollo y de la ciencia neurológica, cuya innovadora investigación citamos, no habría nada que explicar. Y sin las miles de familias voluntarias que han participado con sus hijos en los estudios que describimos (normalmente sin otra recompensa que saber que han hecho una colaboración), apenas hubiéramos llegado a comprender el desarrollo del cerebro.

A un nivel más personal, *Cómo potenciar la inteligencia del Bebé* seguiría siendo todavía un vago proyecto que «algún día» esperaríamos abordar si no fuera por el estímulo de nuestras agentes literarias, Betsy Amster y Angela Miller. Nos sentimos enormemente agradecidas de poder haber contado con estas dos mujeres de talento tan buenas amigas como socias profesionales. Los autores esperamos consejo literario de los agentes, pero es raro encontrar personas que sepan compartir consejos sobre la vida tan bien como reírse en el momento preciso.

Asimismo damos las gracias a Toni Burbank, de Bantam Books, nuestra competente editora, quien nos ha mostrado un gran apoyo. La emoción que sentía hacia el proyecto *Cómo potenciar la inteligencia del Bebé* era contagiosa y su fe en nuestra capacidad, inquebrantable. Qué maravilloso poder decir de una editora que hasta las charlas más breves que manteníamos con ella nos recargaban enormemente de energía.

Aunque, sobre todo, querríamos agradecer a nuestras familias por su continua paciencia y su apoyo mientras luchábamos para encontrar el tiempo y la energía para dar a luz *Cómo potenciar la inteligencia del Bebé*. Nuestros hijos David, Lisa, Kate y Kai, y nuestros nietos Brandon y Leannie son nuestros ejemplos más queridos de mentes de bebés «bien desarrolladas». Son los niños a los que debemos nuestra mayor y más valiosa comprensión sobre el desarrollo.

Finalmente, agradecemos especialmente a nuestros maridos Peter y Larry, no sólo por ser nuestros admiradores más fervientes, sino también por estar dispuestos (una vez más) a cargar con una parte mayor de responsabilidades con el fin de liberarnos a nosotras para que pudiéramos cumplir con los plazos previstos. Estos dos maravillosos hombres continúan aportando una riqueza y una calidez a nuestras vidas y hogares que compensan de sobra las tribulaciones del mundo exterior.

1

El cerebro de tu hijo es extraordinario

¿Se acuerda de ese sentimiento de emoción y júbilo que sintió el día en que nació su hijo? Examinó su carita y miró fijamente sus ojos no habituados mientras se preguntaba qué debía sentir en su primera experiencia en el mundo «exterior». Si usted fuera como la mayoría de los nuevos padres, aunque pensara que el suyo era el bebé más listo y más bonito que jamás hubiera nacido, tendría que admitir que entonces no parecía tener mucho aspecto de poder seguir adelante. Pero, como estamos aprendiendo ahora, las apariencias pueden engañar. Mientras usted le sonreía y le saludaba, frotándole los deditos y acariciándole la mejilla, las neuronas de su bebé se disparaban y activaban varias regiones de su cerebro igual que la iluminación de un árbol de Navidad. Lejos del fardo pasivo que parecía, su bebé estaba trabajando duro, construyendo activamente los cimientos de su futuro ser intelectual y emocional.

Hasta hace unos pocos años, incluso los investigadores infantiles se hubieran mostrado escépticos ante esta descripción. Sin embargo, ahora, con la ayuda de una tecnología increíble, los científicos son capaces de observar realmente la actividad física en los cerebros de los bebés. El doctor Harry Chugani, neurobiólogo especialista en pediatría de la Universidad del estado de Wayne, en Detroit, es uno de los investigadores del cerebro de los bebés más experimentado del mundo. Mediante el escaneado con la técnica de tomografía de emisión de positrones (PET), que manifiesta varios grados de actividad del cerebro en una serie de colores intensos, el doctor Chugani ha sido capaz de observar en acción el brillo rojo intenso que representa la formación del sistema de circuitos del cerebro. Y este hecho demuestra la teoría de que, desde el momento de nacer, el entorno en que nace un niño empieza a esculpir su cerebro de tal forma que tendrá consecuencias de larga duración en su futuro.

Mientras papá mira atento a los ojos de su hijo recién nacido, no se imagina que su bebé ya está ocupado con una importante tarea: está construyendo activamente los cimientos de su futuro ser intelectual y emocional.

El desarrollo del cerebro

La formación de este órgano milagroso al que llamamos nuestro cerebro comienza apenas unas semanas después de la concepción, cuando las células fetales empiezan a multiplicarse al sorprendente ritmo de 250.000 por minuto. Nacidas en el tubo neural (que finalmente será la médula espinal), las neuronas, como soldados especializados, comienzan su viaje hacia diversas regiones del cerebro para llevar a cabo las tareas asignadas. Cuando un bebé hace su debut en el mundo, tiene una cantidad astronómica de neuronas a punto de iniciar su viaje de desarrollo hacia la edad adulta. De hecho, se cree que todas las neuronas que tendrá en su vida –una cantidad de

100.000 a 200.000 millones (para quedarse helado)– están presentes en el momento de nacer.

Si los recién nacidos tienen todas las neuronas en su sitio, ¿por qué no saben leer, escribir ni hablar? El cerebro todavía tiene que sufrir cambios sustanciales para enfrentarse con los retos a los que cada niño se encontrará a lo largo de su vida. Sólo mediante el crecimiento y el desarrollo del cerebro, un niño se convierte en un ser social, sentimental e intelectual (un ser capaz de forjar nuevas amistades, disfrutar con la alegría de una mascota y dominar la complejidad de la especialización excesiva).

Uno de los cambios significativos que ocurre en el cerebro de un bebé pequeño es simplemente el aumento del tamaño. En el momento de nacer el cerebro de un bebé pesa unos 340 gramos y sigue creciendo con bastante rapidez durante los primeros años del niño. Para su primer aniversario, su cerebro ya pesa más del doble, unos 1.100 gramos. Por increíble que parezca, a los cinco años, el peso del cerebro ya habrá alcanzado alrededor del 90 por ciento del peso final adulto, de 1.450 gramos. Estos aumentos del peso del cerebro son consecuencia tanto del crecimiento de las células

Hacia el final de su primer año, el cerebro de Madison ha multiplicado su peso en más del doble, ha asignado tareas específicas a sus células y ha establecido patrones de redes conectivas. Este año tan importante respecto al crecimiento del cerebro se manifiesta en las habilidades avanzadas de Madison en comparación con su hermano de tres meses, Cameron.

como del desarrollo de quilómetros y quilómetros de senderos que se conectan y que permiten que las células se comuniquen unas con otras. Y mientras el cerebro de un bebé va creciendo, se van sucediendo cambios espectaculares respecto a su capacidad de aprendizaje. Su memoria se va haciendo más funcional, empieza a desarrollar el lenguaje y continuamente se van perfeccionando sus habilidades de pensamiento.

Las diferentes estructuras del cerebro del bebé también están sufriendo cambios significativos. Encima de la médula espinal y debajo de la corteza cerebral, están ubicadas las estructuras subcorticales que se encargan principalmente de las funciones biológicas básicas, como la circulación, la respiración, la digestión y la eliminación, y de las conductas instintivas, como la succión. Estas estructuras subcorticales tienen que estar bastante bien desarrolladas en el momento de nacer para que el recién nacido pueda sobrevivir. El desarrollo de la corteza cerebral es lo que nos distingue a los humanos de animales menos inteligentes. El desarrollo de la corteza cerebral es lo que posibilita todas las capacidades mentales avanzadas, como el pensamiento, la memoria, el lenguaje, las matemáticas y la solución de problemas complejos propios de los seres humanos.

La corteza cerebral no es sólo la parte más grande de nuestro cerebro, sino que también es la parte que imaginamos la mayoría cuando pensamos en el cerebro humano. La corteza cerebral incluye los dos hemisferios cerebrales, que son responsables de varias funciones de nivel superior. Por ejemplo, el hemisferio izquierdo se encarga del lenguaje en la mayoría de las personas, mientras que el hemisferio derecho es responsable de actividades no relacionadas con el lenguaje, como reconocer caras familiares, encontrar el coche en el aparcamiento del centro comercial o suspirar cuando escuchamos la melodía de nuestra canción favorita. La corteza cerebral de un recién nacido es relativamente inmadura en el momento de nacer en comparación con sus estructuras subcorticales. Pero a medida que su tamaño y su peso aumentan, empieza a asignar tareas específicas a sus células y establece patrones de redes conectivas y las habilidades de nivel superior comienzan a emerger. El establecimiento de la red neuronal que conecta cada célula con muchas otras es lo que permite el desarrollo de la mente.

La formación de la mente

La formación de la mente está directamente relacionada con el hecho de que las neuronas se conecten entre sí para que varias partes del cerebro se puedan comunicar. ¿Cómo lo hacen? Depende en gran parte del tipo de información que se necesita enviar y de las partes del cerebro que necesitan recibirla. Imagine que usted está viviendo en California durante la época del salvaje Oeste cuando tiene a su primer hijo. No puede esperar para compartir la noticia con toda su familia, pero enviar comunicados de nacimiento resulta algo difícil, por no decir lo más difícil, ya que la mayoría de los miembros de su familia viven en diferentes estados del este. Escribe una carta a su madre, a Pennsylvania; a su hermana, a Virginia; y a su abuela paterna, a Tennessee. Ellos a su vez enviarán unas líneas a otros hermanos, hermanas, tías y tíos, quienes entonces remitirán la noticia a una multitud de primos y amigos.

En el momento en que usted entrega su carta en su estación local del Pony Express, sus noticias empiezan un largo recorrido a través de ríos y montañas, arroyos y valles. El jinete galopa con las sacas de correo cruzadas sobre la silla hacia la siguiente estación donde será relevado. Mientras lleva las riendas de su caballo, tira las sacas a los brazos de otros jinetes, quienes se lanzan hacia los puntos donde después serán relevados. El proceso continúa hasta que la madre, la hermana y la abuela han recibido su mensaje y ellas, a su vez, también envían los suyos y contribuyen a la imparable red del sistema de comunicación familiar.

Puede estar preguntándose: ¿qué tiene que ver esto exactamente con las mentes de los bebés? El desarrollo de la red neuronal funciona de forma parecida a la del Pony Express. A cada neurona del cerebro de un bebé le crece una prolongación a manera de cola llamada *axón*, en cuyo extremo nacen muchas estructuras parecidas a los dedos. Cada neurona tiene también un cuerpo de receptores de mensajes llamados *dendritas*. Las dendritas son estructuras que se asemejan a un brazo que se alarga más allá del cuerpo de la neurona para llevarle los mensajes que llegan. Cada neurona puede tener muchísimas dendritas y puede producir otras nuevas siempre que el cerebro se enfrente a experiencias nuevas. Los dedos de un axón se alargan hacia las dendritas receptoras de otras neuronas pero se detienen a muy poca distancia para no entrar en contacto con ellas. Estos espacios existentes, llamados *sinapsis*, son los mayores transmisores de información de todo el cerebro.

Cuando una neurona reacciona ante un estímulo de su entorno, ésta descarga un impulso eléctrico que viaja a lo largo de su axón y de todas sus dendritas hasta que alcanza los espacios sinápticos que los separan de los receptores finales. Las dendritas de otras neuronas (igual que los jinetes del Pony Express) están listas esperando para retransmitir mensajes nuevos a sus últimos destinos. Lo que transporta el mensaje a través del espacio sináptico es una sustancia química llamada *neurotransmisor*. (Piense en la saca que lanzan los jinetes del Pony Express a los jinetes que esperan.) Una vez que el mensaje ha cruzado al otro lado, el mensaje neuroquímico se vuelve a convertir en una señal eléctrica para continuar su viaje hacia las siguientes neuronas que lo esperan.

¡Es un niño! ¡Es un niño! ¡Es un niño!

La red neuronal es el principal sistema de comunicación de nuestro cerebro. Los mensajes se retransmiten a través de los billones de conexiones sinápticas que relacionan los cientos de miles de millones de neuronas que forman el cerebro humano.

La conexión del sistema

Claro que la analogía del Pony Express llega a un punto en el que ya no puede avanzar más, porque las neuronas de un bebé tienen realmente una incomparable necesidad de comunicar información a las neuronas con las que están unidas, algunas de las cuales viven en la otra punta del «hemisferio». Por lo tanto, el cerebro tiene que establecer sus conexiones de forma que pueda dar respuesta a sus necesidades comunicativas. ¿Cómo lo hace exactamente? Hasta hace bastante poco, se creía que el proceso del establecimiento de las conexiones del cerebro sucedía de manera más o menos automática, que estaba programado por los genes y surgía con la maduración física. Pero ahora los investigadores han descubierto que, aunque este proceso automático es decisivo, sólo explica una proporción relativamente pequeña de los 1.000 billones de conexiones sinápticas que producen los miles de millones de neuronas de un recién nacido. Este hecho hace que cientos de billones de esas conexiones estén determinadas por las experiencias del individuo.

Bueno, probablemente se haya imaginado ya adonde lleva todo esto: ¡a usted! Como padre, usted es la fuente principal que estructura el mundo de su hijo, que en esos momentos es muy dependiente, de manera que proporcione a su cerebro la emoción y la energía para que establezcan las conexiones. Que le canta una nana: *bssss*, se realiza una conexión. Que le hace cosquillas en los dedos de los pies: *bssss*, ahí va otra. Que usted coloca su cochecito para que pueda ver a su hermana mayor dar volteretas sobre la hierba: *bssss, bssss, bssss,* su red se va haciendo cada vez más compleja. Aunque los primeros años claramente no son los únicos años decisivos, las experiencias al principio de la vida sí que orientan al niño en la dirección apropiada. Desde la rutina diaria hasta sus encuentros más excepcionales, los retos que usted ayude a superar a su hijo durante la infancia influirán para que él conserve su curiosidad natural, refuerce sus capacidades intelectuales innatas, se sienta seguro en las situaciones nuevas y confíe en otras personas. En pocas palabras, estos primeros años le ofrecerán oportunidades maravillosas para ayudar a su hijo a ser todo lo que puede ser.

Ejercicio para el cerebro

El cerebro se parece mucho a otras partes del cuerpo. Si queremos que nuestros corazones crezcan fuertes y funcionen de manera óptima, tenemos que estimularlos mediante ejercicio aeróbico. Si queremos aumentar el tamaño y la fuerza de nuestros músculos, tenemos que ponerlos a trabajar y someterlos a ejercicios intensivos para «inflarlos». Para que las neuronas crezcan y establezcan unas conexiones más sólidas también tienen que ejercitarse. Pero en el caso de nuestros cerebros, las «halteras» que refuerzan las sinapsis y refuerzan la red neuronal son las experiencias de nuestras vidas. Según el grado de ejercitación del cerebro del bebé, éste empezará a realizar conexiones sinápticas para permitir que crezca, aprenda y se adapte a un mundo en cambio permanente.

Al principio estas conexiones serán algo débiles. Pero si se siguen utilizando, se harán fuertes y estables y proporcionarán cimientos sólidos para el futuro crecimiento del niño. Mire, por ejemplo, a un bebé de tres meses que intenta desesperadamente coordinar los ojos y los brazos para agarrar un juguete que cuelga delante de él. Verá la concentración en su cara cuando sigue los movimientos del juguete con la mirada. Estira los brazos hacia su objetivo intentando juntar las manos para hacerse con su recompensa.

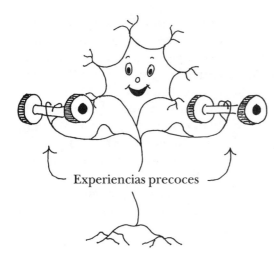

Para que las neuronas crezcan y establezcan conexiones más sólidas tienen que ejercitarse. Cuantas más experiencias precoces tiene el bebé en sus primeros meses, su red neuronal se vuelve más fuerte.

Experiencias precoces

Pobrecito, sus esfuerzos son vanos. Sus pequeños puños chocan pero se caen a poca distancia de su destino. Lo intenta una y otra vez y en cada nuevo esfuerzo envía un impulso eléctrico para nutrir las conexiones sinápticas. Tres meses después se evidencia el fruto de su trabajo, cuando, con la habilidad típica de un niño de seis meses, consigue agarrar con seguridad el mismo juguete en un movimiento sin titubeos.

Usarlo o perderlo

Teniendo en cuenta lo importantes que son las conexiones sinápticas entre las neuronas para cada una de las acciones que realizan los seres humanos, parece razonable esperar que los adultos, que son obviamente más inteligentes, tengan un mayor número que el niño medio de dos años. Por eso para muchas personas fue una sorpresa que el cerebro medio de un niño de dos años ganase fácilmente en el concurso de la sinapsis. Entre el momento del nacimiento y los dos años aproximadamente, las sinapsis se desarrollan a lo loco y alcanzan cantidades muy considerablemente superiores a las de los adultos. Este incremento se debe parcialmente a instrucciones genéticas, pero también a que finalmente el cerebro tiene la oportunidad de interaccionar con el mundo que existe fuera del útero. Sin embargo, a medida que el niño crece, este considerable aumento no sólo se detiene sino que incluso se invierte.

¿Por qué sucede este gran aumento en un primer momento, si muchas de esas mismas sinapsis van a desaparecer después? Parece ser que este aumento es la forma natural que tiene la naturaleza para asegurarse de que cada niño esté preparado para adaptarse a los retos de *cualquier* entorno. Es como si el cerebro se proveyese de más líneas telefónicas de las necesarias porque todavía no sabe exactamente cuáles van a ser atendidas. Pero aunque el cerebro es generoso al principio, su generosidad empieza a disminuir si algunos teléfonos concretos permanecen sin ser atendidos durante demasiado tiempo. En otras palabras, las conexiones sinápticas que no se ejercitan se atrofiarán y morirán por la falta de uso. En cambio, las que se ejercitan más desarrollan conexiones más sólidas y estables. Éste es un proceso normal y natural, al que los investigadores llaman *muerte neuronal*, y parece apoyar nuestra necesidad de «especializarnos» para satisfacer las exigencias del mundo en el que nacemos.

Observe, por ejemplo, el aprendizaje del habla y de la comprensión de nuestra lengua materna. Un niño nacido en China sólo se enfrentará al reto único de aprender chino. Y como su cerebro de recién nacido estará bien preparado para esta tarea, al cabo de los tres años siguientes hablará su lengua materna con fluidez. Pero, ¿qué sucederá si una pareja francesa que vive en París adopta a este bebé? En este caso, el reto de la lengua al que se enfrente será distinto. Sin problemas. Aunque los sonidos específicos del chino y del francés son bastante diferentes, el cerebro del bebé en realidad estará listo para cualquiera de las dos. De hecho, si los padres contratan a una niñera hispanohablante para que les ayude a cuidarlo, el bebé aprenderá con facilidad tanto el francés como el español. Pero su potencial para aprender chino disminuirá gradualmente si los sonidos del chino no lo estimulan. Los senderos sinápticos que corresponden al francés y al español se reforzarán, mientras que las neuronas que no se utilizan se marchitarán poco a poco y morirán.

La *muerte neuronal* se da de un modo bastante parecido al crecimiento de un árbol. Las ramas del árbol que tienen más acceso al sol, a la tierra y al agua crecerán fuertes y en abundancia. Igual que sucede con las ramas de un árbol, esas conexiones del cerebro a las que estimulan los nutrientes de la experiencia crecerán fuertes y serán provechosas. Como padres, podemos ayudar a que los cerebros de nuestros hijos tengan un mejor acceso a los recursos más ricos del entorno para favorecer el crecimiento de ramas conectivas fuertes que contribuyan al desarrollo del apasionante potencial de nuestros hijos.

O ahora, o quizá nunca

Cuando el nieto de Susan, Brandon, acababa de cumplir tres años, ella aprendió una buena lección sobre la importancia de las experiencias precoces en el dominio de las habilidades. Los primos mayores de Brandon lo habían introducido en los videojuegos, y como muchos niños, estaba totalmente obsesionado con salvar a un pequeño personaje italiano que caminaba por lo que parecía un muro de ladrillos. Susan recuerda una lección reveladora cuando el pequeño Brandon se convirtió en su maestro desilusionado:

> Un día en el que Brandon estaba guiando a Mario por el muro, saltando sobre champiñones, esquivando tortugas y pisándole los talones a algo que, hasta hoy, sigue siendo un misterio para mí, me miró y me preguntó: «Abuelita, ¿te gustaría mirarme?». Naturalmente, como la abuela devota que soy que quiere reforzar decididamente el intento por compartir de un niño de tres años, respondí: «Sí, gracias, Brandon», y me senté en el suelo a su lado para admirar sus habilidades. Después de unos minutos, su generosidad avanzó a un nivel más elevado. «Abuela, ¿te gustaría intentarlo?» Aunque yo no tenía el más mínimo interés en intentarlo, fingí entusiasmo y gratitud cuando me puso el mando en las manos. Bueno, dos segundos más tarde el pequeño personaje italiano se cayó del muro. Tras unos tres rápidos intentos fallidos, Brandon me miró con curiosidad. «Este es demasiado difícil para ti, abuela. Te pondré otro más fácil», me propuso. Mi nuevo reto era Bugs Bunny, y huelga decir que no tuve mayor suerte. Brandon me quitó el mando de las manos y, con la peor expresión de enfado que podría tener un niño de tres años, declaró: «Las abuelas no saben jugar con los videojuegos».

No hay duda de que nuestros cerebros son órganos tremendamente competentes y que nuestras neuronas conservan la habilidad para superar muchos retos nuevos que encontramos en nuestro entorno a lo largo de nuestras vidas, sobre todo si vamos a trabajar duro. Pero estaba claro que el cerebro de cincuenta años de Susan no disponía de la red neuronal que correspondía a los videojuegos. En sus primeros años no había habido experiencias que hubieran estimulado el desarrollo de un sistema neuronal que sostuviese esa coordinación especializada entre ojo y mano. Las sinapsis de Susan ya se habían dedicado a enfrentarse a las exigencias extremadamente concretas de su propio entorno o se habían atrofiado hacía tiempo debido a la falta de uso. Probablemente no sería el suyo un caso en el que no lle-

El bebé recién nacido Henry experimentará sin duda a lo largo de su vida un mundo radicalmente distinto del que experimentó su abuelo de setenta y tres años. Su cerebro también se desarrollará de forma diferente y le proporcionará habilidades y destrezas que su abuelo ni siquiera podría imaginar.

gase a dominar el videojuego, si, por alguna razón inimaginable, ella se plantease este objetivo. Pero le llevaría muchas horas de práctica y nunca llegaría a conseguir tanta habilidad como un niño de esta generación de los videojuegos.

La capacidad que tiene cada una de las neuronas para conectarse por sí mismas para desempeñar funciones nuevas se llama *plasticidad cerebral*. Esta naturaleza flexible del cerebro se descubrió en las personas que habían sufrido daños cerebrales por enfermedad, accidente o ataque de apoplejía. Los pacientes que habían sufrido daños en las regiones del lenguaje de sus cerebros, por ejemplo, experimentaban problemas al hablar o al comprender lo que decían los demás. Los que tenían lesiones en las partes del cerebro responsables de la vista padecían problemas de vista. Entonces los médicos empezaron a darse cuenta de que, en diferentes grados, estos pacientes empezaron a recuperar las capacidades perdidas. Descubrieron que este hecho no se debía a la reparación de las neuronas, sino a que otras neuronas venían al rescate y relevaban a sus homólogas muertas.

Aunque el fenómeno de la plasticidad cerebral sorprendió totalmente al mundo científico, la observación más extraordinaria fue que cuanto más joven era el paciente, la recuperación era mayor. Esta pérdida gradual de adaptabilidad del cerebro a medida que nos vamos haciendo mayores ahora está bien documentada y supone claramente un gran avance en nuestro conocimiento sobre el desarrollo normal del cerebro. Estas ventanas de oportunidad, conocidas como períodos *críticos* o *sensibles,* son períodos en los que el cerebro de un bebé es más receptivo a las experiencias del entorno. El tamaño de la ventana, así como la rigidez de sus límites, varía a lo largo de los diferentes períodos de desarrollo. Los períodos sensibles son los momentos óptimos para que se produzca el desarrollo, mientras que los períodos críticos son los más decisivos.

Un ejemplo de período sensible es el que tiene relación con el aprendizaje de un idioma extranjero. Los investigadores que estudian el proceso de adquisición de un idioma saben que el momento óptimo para aprender idiomas va desde el momento de nacer hasta la edad aproximada de diez años. Aunque es mejor cuanto más pronto, antes de llegar a la década un niño puede aprender un idioma extranjero con relativa facilidad y hablarlo sin acento. ¿Por qué? El motivo es que la región del lenguaje de su cerebro todavía es algo maleable. Una persona de cincuenta años todavía puede ser capaz de aprender otra lengua, pero lo hará con mucha más dificultad. Probablemente nunca logre la fluidez de un nativo y lo más seguro es que la hable con un acento marcado. Una vez que hemos traspasado nuestra ventana sensible, es mucho más difícil distinguir los sonidos característicos de otros idiomas e incluso más difícil es reproducirlos. (Sigue siendo un misterio para los psicólogos por qué a los niños estadounidenses no se les ofrecen clases de idiomas extranjeros hasta que son adolescentes, precisamente la edad en que el cerebro empieza prácticamente a perder su habilidad para encargarse de esa tarea.)

Son de mayor interés los períodos críticos en los que el desarrollo consiste en una situación «ahora o nunca». En el caso de los períodos críticos, si no se estimula el cerebro de un niño durante una ventana de tiempo específica, esa ventana se cierra para siempre. Por ejemplo, la ventana crítica responsable del desarrollo visual es muy estrecha (durante los primeros seis meses de vida). Si alrededor de los seis meses un bebé no ve las cosas que le rodean, su vista nunca será normal. La misma estimulación visual en los dos ojos durante los primeros seis meses es de tal importancia que los niños que nacen con cataratas, especialmente si el grado de cataratas es distinto en los dos ojos, han de ser intervenidos quirúrgicamente para eliminarlas tan pronto como se tenga la seguridad de que no es peligroso para ellos. Si no se corrigen, el riesgo de padecer problemas de vista, incluida la ceguera permanente, es extraordinariamente elevado.

Es obvio que Claudia se ha enamorado locamente de su hijo de cinco semanas, Angelo. Y como los primeros dieciocho meses de la vida de un bebé son críticos en el desarrollo de las relaciones sociales, los abrazos cariñosos como éste sirven para construir fuertes vínculos emocionales y relaciones confiadas y seguras.

No proporciona las mismas oportunidades

Afortunadamente, el cerebro es mucho más generoso en la mayoría de aspectos del desarrollo. Durante toda la serie de períodos críticos y sensibles que se han producido desde el momento de nacer hasta alrededor de los diez o doce años, algunas ventanas de oportunidad se han abierto pronto, mientras que otras se han abierto relativamente tarde. Cuanto mayor conocimiento tenga usted sobre los momentos óptimos para el desarrollo, más capacitado estará para ayudar a que el cerebro de su hijo reciba la estimulación que busca. A continuación se exponen algunas de las ventanas de desarrollo que son clave en los niños pequeños:

• Relaciones sociales (de 0 a 18 meses):

Desde el día en que nace su hijo, su cerebro se prepara para construir un vínculo emocional fuerte con aquellas personas que constantemente le dan cariño. Si no hay experiencias sociales positivas durante los primeros dieciocho meses, la capacidad para desarrollar relaciones confiadas y seguras se reduce enormemente, y ello se debe, según muchos científicos, a las hormonas que están en tensión y que afectan a la zona del cerebro llamada sistema límbico. Cualesquiera que fuesen los mecanismos subyacentes, es ya evidente que los cimientos emocionales que el bebé construye durante sus primeros años influirán de manera firme en las relaciones que éste tenga a lo largo de su vida.

• Habilidades motrices (desde la fase prenatal hasta los 4 años):

Es evidente que tan pronto como nace un bebé, sus habilidades motrices ya han empezado el proceso de desarrollo. Como también es igualmente obvio que se deben llevar a cabo muchas cosas antes de que el niño corra, salte, trepe o monte en bicicleta. Por suerte, debido a que ha de producirse una enorme cantidad de desarrollo, el cerebro es bastante generoso en esos momentos y permite el crecimiento óptimo. El cerebro también perdona cuando el estímulo no está disponible en el momento óptimo. Por ejemplo, en algunas culturas los bebés son transportados en cochecitos durante el primer año o los dos primeros años, y después aprenden a caminar fácilmente una vez que se les da la oportunidad de practicar.

• Habla y conversación (de 0 a 3 años):

Los primeros tres años de un niño son los más importantes para el aprendizaje de la lengua. Cuanto más oiga hablar, mayor será su vocabulario a lo largo de la infancia y la edad adulta. Además, el *tipo* de discurso que oye el bebé es vital. Cuando se trata de construir los cimientos del lenguaje, el cerebro es bastante exigente. Lo más eficaz para construir redes neuronales sólidas que sostengan el aumento del vocabulario y las habilidades lingüísticas competentes es que *se hable directamente al niño* durante este período crítico. Por cierto, esta experiencia de comunicación bidireccional es algo que ningún niño podrá experimentar sentado delante de un televisor.

• Matemáticas y lógica (de 1 a 4 años):

Del primer al cuarto año, los niños desarrollan la capacidad de comprender conceptos lógicos y matemáticos. Las experiencias que los estimulan durante este período pueden producir un beneficio óptimo. Apilar bloques y tirarlos, ensartar cuentas de madera en un trozo de hilo una a una o contar una fila de uvas pasas antes de comérselas, son todas experiencias que contribuyen a que el niño piense con habilidad en términos de matemáticas y de lógica. Es más probable que los niños a los que se limitan estas oportunidades durante esta etapa se queden rezagados en el colegio y tengan que trabajar más duro para ponerse al día más adelante.

• Música (de 3 a 12 años):

A los niños les gusta escuchar música desde que nacen, y en el momento que empiezan a andar, bailan las canciones de la radio y cantan con entusiasmo. Sin embargo, el momento de tocar un instrumento tiene que esperar hasta que la coordinación entre ojo y mano esté desarrollada lo suficiente, hacia los tres años. Pero, ¿existe un límite de edad en el que se empieza a perder esta habilidad? Según los pocos datos disponibles hasta la fecha, muchos investigadores creen que la ventana óptima para aprender a tocar un instrumento empieza a cerrarse alrededor de los diez o los doce años. Según esta teoría, aunque los adultos todavía pueden aprender a tocar un instrumento, es probable que no desarrollen los cimientos neuronales sólidos necesarios para llegar a ser virtuosos.

Usted y el futuro de su bebé

A lo largo de la historia, el debate que sigue en el estudio del desarrollo de los niños se ha centrado en el grado en que los padres influyen en el curso del desarrollo de las vidas de sus hijos. En este debate se ha asignado a los compañeros, los colegios, la iglesia y la televisión el papel principal en la teoría del desarrollo. Pero las investigaciones recientes han escrito una teoría del desarrollo infantil diferente. Utilicemos la analogía del rodaje de las películas. Ahora el cerebro realiza el papel del protagonista cuyas acciones condicionan el desarrollo de la historia. Igual que un actor depende de un director para aprovechar al máximo su interpretación, el cerebro también depende de las experiencias precoces para aprovechar al máximo su desarrollo. Si no se producen experiencias interesantes que estimulen y guíen el desarrollo, es difícil que se produzca una actuación del cerebro merecedora de un premio. ¿Qué papel desempeñan los padres en esta analogía con el rodaje de las películas? En realidad los padres son los productores de este guión. Trabajan detrás de los decorados para asegurar desde el primer día los recursos suficientes para conseguir el mejor producto final (la historia de la vida de su hijo).

2

¿Qué tiene que ver el amor con todo esto?

El primer nieto de Susan fue un niño, así que ella y su marido, Peter, sintieron una gran emoción cuando se enteraron de que el siguiente iba a ser una niña. Como psicólogos, ambos tenían muy presentes los trabajos de investigación que demostraban que los adultos tratan a los niños y a las niñas de manera diferente desde el momento en que conocen el sexo del bebé. Parece ser que, de una forma bastante natural, los adultos atribuyen características de la personalidad masculina a los bebés niño y características femeninas a los bebés niña, les hablan de forma distinta, los sostienen de forma distinta y juegan con ellos de forma distinta. Pero, dado que eran miembros muy destacados de su profesión, Susan y Peter habían tomado la determinación de no caer en esas tendencias inconscientes. Tratarían a los dos nietos de igual forma, permitiendo que los rasgos singulares de su personalidad natural se manifestaran, lejos de los estereotipos de cada sexo. Discutieron sobre este tema muchas veces durante los meses previos al nacimiento de su nieta. Susan recuerda sus reacciones cuando trajeron a la pequeña Leannie de la sala de partos y la dejaron entre sus brazos anhelantes:

> Al fin, el momento había llegado, estábamos contemplando el maravilloso rostro de nuestra nieta recién nacida. «Oh, se parece mucho a su hermano», dije yo, «sólo que sus facciones son más delicadas. Mira su preciosa boquita de flor». Mi marido añadió: «Hola, princesita». Asombrados por nuestras propias palabras, nos miramos uno al otro y comenzamos a reír. ¡Tanta ciencia para nada!

La moraleja de esta historia es que no importa cuánto sepamos, en ocasiones nuestras inclinaciones naturales aparecen sin más. Cuando esto sucede, es importante tener presente que todo va bien. Nuestros hijos no serán perfectos, y nosotros tampoco. El propósito de *Cómo potenciar la inteligencia del Bebé* es proporcionarle un conjunto de conocimientos e ideas de los que extraer conclusiones. Nuestro objetivo es ofrecerle opciones, no dictar y prescribir. Usted siempre será el experto más destacado en el crecimiento y desarrollo de su bebé.

Ésa es la razón por la cual nosotras estamos constantemente preguntándonos qué herramientas necesitarán los padres para poder utilizar la información que les proporcionamos de una forma que sea más acorde con el interés de su propio bebé. Aquí tiene algunos principios básicos que le ayudarán a seleccionar las experiencias precoces apropiadas para usted y su bebé.

 EL AMOR ES LO PRIMERO

Usted ya sabe que ofrecer gran cantidad de amor y afecto es lo más importante que puede hacer para asegurar el desarrollo emocional de su bebé y proporcionarle sensación de seguridad y confianza en sí mismo. Pero investigaciones recientes han demostrado que los beneficios de una relación de cariño son mucho mayores de lo que podíamos esperar. Las interacciones afectuosas con su bebé no sólo favorecen su desarrollo emocional, sino que también estimulan el desarrollo de sus habilidades cognitivas. Según el

Es posible que Necy, la hermana mayor, no lo sepa, pero ella está fomentando el crecimiento cognitivo de Jordan. De acuerdo con la teoría de la «conexión corazón-cerebro», las experiencias de cariño precoces, como la que Necy le proporciona, son fundamentales para el desarrollo intelectual.

doctor Stanley Greenspan, psiquiatra infantil de la Universidad George Washington, las raíces del desarrollo mental de un niño se pueden encontrar en estas interacciones de cariño precoces. Las habilidades intelectuales, como la formación de ideas, la resolución de problemas, el pensamiento lógico, la utilización de símbolos y el desarrollo de la gramática están conectadas al desarrollo emocional del niño a través de lo que él llama la «conexión corazón cerebro».

Usted puede preguntarse: «¿Cómo funciona esa conexión?». El doctor Greenspan y sus colegas explican que la región específica del cerebro que regula las emociones también influye en el desarrollo de las habilidades cognitivas del niño. Por lo tanto, la creación de una poderosa red neuronal a través de las experiencias de cariño precoces supone un factor decisivo para el desarrollo intelectual.

Mientras que los consejos y sugerencias que hallará a lo largo del libro están diseñados para ayudar a ejercitar las conexiones intelectuales de su bebé, la seguridad emocional del pequeño siempre debería ser su primera prioridad. La energía intelectual del niño sólo puede sentirse libre para explorar el mundo que le rodea y sacar un rendimiento pleno de las experiencias precoces que se encuentra en su camino si cuenta con un soporte emocional seguro.

 ### LA NATURALEZA Y LA EDUCACIÓN TRABAJAN JUNTAS

Cuando vemos la rapidez con la que los niños dominan actividades muy complejas, resulta evidente que la Madre Naturaleza provee con generosidad a un bebé antes de que nazca. Y, teniendo en cuenta los efectos devastadores que puede tener la privación de un entorno en el desarrollo de un niño, está claro también que sin el apoyo y las contribuciones de un entorno educativo, los preparativos de la Madre Naturaleza serían inútiles. Lo que no está tan claro, y quizá resulta imposible delimitar, es precisamente en qué medida contribuye cada uno de estos factores en convertirnos en lo que somos.

Aunque ésta es una cuestión fascinante para los investigadores, aquellos de nosotros que estamos criando niños tenemos prioridades diferentes. Aparte de elegir a nuestros cónyuges, hay poco que podamos hacer respecto a los genes de nuestros hijos, a su naturaleza. Pero tenemos mucho más control sobre el entorno de nuestros hijos, sobre su educación. Como padres y encargados de su cuidado, tenemos la responsabilidad de asegurarnos de que la contribución de la educación al desarrollo de nuestros hijos es estimulante y a la vez enriquecedora, y de que no confiamos simplemente en que la naturaleza se manifieste.

 ## CADA BEBÉ ES ÚNICO

En demasiadas ocasiones, y de una forma bastante natural, encontramos a padres que se preocupan porque su sobrina de doce meses ya parlotea, mientras que su hijo de dieciocho meses apenas sabe unas pocas palabras. Hay varias razones posibles completamente normales. En primer lugar, las

Pelotas grandes, pelotas pequeñas, pelotas rojas, pelotas verdes. Desde el día en que aprendió a agarrar un objeto, Spencer ha estado fascinado por las pelotas. Y aunque el interés especial de Spencer por las pelotas desorientó a su madre porque sus dos hijos mayores no habían mostrado ese comportamiento, ella respetó el *carácter único* de Spencer y le compró esta «tienda de pelotas» para su habitación. Es importante que los padres reconozcan y favorezcan el potencial único de cada niño.

niñas suelen desarrollar las habilidades del lenguaje antes que los niños. La segunda posibilidad tiene que ver con el orden de nacimiento. Los primogénitos a menudo comienzan a hablar antes que los bebés que no lo son, posiblemente porque sus padres tienen más tiempo libre que pasar hablando con ellos. Y tercero, quizá su hijo, a causa de su estructura genética específica, tenga más habilidades respecto a su desarrollo motriz. O quizá esté más interesado en correr, saltar, chutar un balón o jugar con juguetes que en comunicarse. En cualquier caso, es importante reconocer y favorecer el potencial natural único de cada niño. Las diferencias individuales en el tiempo y el ritmo de los hitos del crecimiento son la marca habitual de los primeros años de vida de un niño.

 ## SU NIÑO TIENE SU PROPIA AGENDA

¿Cuántas veces ha visto a padres en el zoo indicando ansiosamente a su hijo que mirara a los animales? «Mira el elefante. Fíjate en su larga trompa.» «Oh, allí está la jirafa. Mira qué cuello más largo tiene.» «Vaya, mira a ese enorme gatito. Se llama tigre. Los tigres pueden ser peligrosos.» Usted puede pensar: «Qué experiencia más maravillosa están proporcionando estos padres a su hijo». Y en la mayoría de los casos, estará en lo cierto.

Pero entonces se fija en un pequeño chiquillo, James, que va de la mano de su padre. James no presta atención a su padre. Está ocupado mirando al suelo de la acera, señalando a un pequeño petirrojo que avanza a saltos por el suelo, picoteando las migas de galleta que ha tirado un niño descuidado de tres años. Aunque el petirrojo es bastante pequeño e insignificante al lado de los especímenes de orden superior del zoo, James está completamente hipnotizado. Señala al petirrojo y después mira a su padre, quien, por desgracia para James, está todavía atareado proporcionándole una «experiencia estimulante».

A menudo estamos tan atrapados en nuestra propia emoción por compartir el mundo con nuestros niños que olvidamos que su punto de vista puede ser muy diferente. Es tan fácil guiar que a veces los padres fracasan a la hora de seguir. Cuando usted incorpore los consejos de *Cómo potenciar la inteligencia del Bebé* a la vida de su hijo debe intentar, siempre que sea posible, dejar que sea él quien le guíe. Siga su mirada, observe lo que señala su dedo y descubrirá qué le interesa y a qué presta atención. Sintonice con su mundo y busque oportunidades para tener experiencias estimulantes. Practique la lectura de sus señales y aprenda a analizar sus reacciones espe-

Mientras todos los demás disfrutan del desfile, Leannie, de catorce meses, ha descubierto algo que sale de un agujero de la acera. Es posible que pequeños descubrimientos como éste no sean tan interesantes para los padres, pero a veces es importante seguir el ejemplo de un niño.

cíficas. Como el resto de personas, habrá ocasiones en las que su bebé simplemente no esté de humor para una experiencia educativa. Muchas veces los niños sólo necesitan un beso o un abrazo o incluso un poco de libertad para investigar por su cuenta.

 EL APRENDIZAJE ACTIVO SIEMPRE VENCE AL APRENDIZAJE PASIVO

La mayoría de nosotros hemos vivido la experiencia de que un amigo nos lleve a algún lugar desconocido sólo para descubrir que cuando intentamos volver allí la semana siguiente no tenemos ni idea de cómo hacerlo. Por el contrario, es mucho más probable que recordemos el camino si conducimos nosotros. ¿Por qué sucede esto? Está demostrado y bien documentado que cuando estamos comprometidos de forma activa en hacer algo lo aprendemos más rápidamente y captamos sus complejidades con mucha más facilidad que si experimentamos lo mismo de manera pasiva.

Al trabajar activamente las «formas básicas», Caroline y Katherine aprenden mucho sobre mediciones y transvases, tazas y contenedores, y también a compartir y a trabajar en equipo.

Ésta es una de las razones por las que los expertos en desarrollo desaconsejan tan enérgicamente que los niños vean la televisión durante mucho tiempo. Muchos padres salen en defensa de la televisión y describen toda la información educativa a la que los niños pequeños están expuestos a través de la televisión. Aunque hay algo de cierto en su reivindicación, especialmente si lo comparamos con la programación del sábado por la mañana, la palabra clave aquí es *expuestos*, o, de forma más precisa, *expuestos pasivamente.* Dado que incluso los niños pequeños se dan cuenta de que no vale la pena hacer preguntas a la televisión o comentarle sus propias ideas, la motivación para pensar realmente en profundidad sobre lo que ven en televisión es mínima o inexistente. Verdaderamente, el viejo dicho «Por un oído entra y por otro sale» lo dice todo. Ésta es la razón de que a los investigadores no les sorprenda que las mayores cantidades de horas de televisión tiendan a estar asociadas con los peores rendimientos académicos y los coeficientes intelectuales más bajos.

Las sugerencias que encontrará en *Cómo potenciar la inteligencia del Bebé* están dirigidas a involucrar activamente a su niño y a desafiar su mente. Por ejemplo, aunque no hay duda de que leer *para* un niño fomenta el amor a los libros y más tarde la capacidad de lectura, nosotras le enseñamos formas de involucrar activamente a su niño para que lea *con* usted, incluso a una edad tan temprana como los ocho o los nueve meses. Antes de que su bebé sepa hablar, puede convertirse en un participante activo en sus conversaciones en lugar de ser sólo un oyente pasivo. Cuando domine las estrategias para convertir los encuentros pasivos en experiencias activas, usted estará creando un entorno para su hijo que será más estimulante para él y para sus neuronas.

 ## LOS CONSEJOS HECHOS A MEDIDA PROPORCIONAN LA MÁXIMA AYUDA

Con frecuencia los padres nos preguntan cuánta ayuda deberían proporcionar a sus hijos a la hora de realizar una tarea. Tome el ejemplo de unir las piezas de un puzzle. ¿Debería un padre ayudar a su hijo colocando unas cuantas piezas él mismo? ¿Debería guiar físicamente las manos del niño hacia el lugar correcto? ¿Es mejor para el desarrollo de su hijo que se limite a darle algunas instrucciones verbales? ¿O debería dejar que su hijo afrontara el reto por su propia cuenta? La respuesta a todas estas preguntas es sí. La diferencia crucial está en *cuándo* utilizar cada una de esas estrategias.

Lev Vygotsky, teórico ruso del aprendizaje, ha arrojado algo de luz sobre las razones por las que necesitamos diferentes estrategias en los diferentes niveles de desarrollo. Según Vygotsky, un niño aprende mejor cuando se enfrenta a un reto sin presión y además tiene el apoyo de un adulto experto. Vygotsky llamó a estas condiciones óptimas para el aprendizaje la «Zona de Desarrollo Próximo», o de forma abreviada ZDP. El ZDP de un niño es simplemente el espacio dentro del cual él puede llevar a cabo una tarea de aprendizaje con ayuda de un adulto. Por supuesto, el ZDP de un niño cualquiera varía con la edad, la experiencia y la tarea que tenga que realizar.

Volvamos a nuestro ejemplo de la composición de un puzzle sencillo. De entrada es posible que su hijo de dos años necesite realmente que usted ponga algunas piezas en su lugar y después guíe su mano para completar la imagen. Esto no sólo le ayuda a alcanzar el objetivo, sino que también le ofrece un modelo del que puede aprender. Pero con un poco más de experiencia el niño puede ser capaz de colocar las piezas por sí mismo si usted orienta las piezas hacia el espacio correcto. Unos meses después, es posible que el niño sólo necesite una sugerencia verbal para «inténtalo de la otra manera» o «prueba ésa arriba de todo». Antes de que usted se dé cuenta

Jessica, la profesora, está atenta para poder determinar la Zona de Desarrollo Próximo de DaeRika, una niña de tres años de edad. Ella sabe cuánto apoyo proporcionarle para ayudarla a dominar la composición de puzzles.

completará puzzles más complicados sin su ayuda. Conocer el ZDP de su propio hijo le ayudará a dominar tareas cada vez más difíciles utilizando técnicas divertidas e interesantes.

 LOS ANDAMIOS QUE CONSTRUYEN LOS PADRES CONTRIBUYEN AL APRENDIZAJE

Del mismo modo que los trabajadores de la construcción utilizan el andamiaje para asegurar los edificios en obras, los padres pueden proporcionar «andamios» para contribuir en el aprendizaje de sus hijos. Su apoyo en los esfuerzos precoces de su hijo le permitirá ser una persona más hábil de lo que llegaría a ser de otro modo. Cuando el niño se vuelve más competente, el andamiaje de los padres comienza a desmontarse. Por último, como el edificio terminado, su hijo puede «sostenerse» por sí mismo.

Ruby sostiene un extremo de la construcción de Farelle mientras él añade otra pieza. Al hacerlo ella crea una estructura de andamios que apoya los esfuerzos del niño hasta que él desarrolla la capacidad motriz necesaria para trabajar en solitario.

Piense, por ejemplo, en aprender a mantener una conversación. Sabemos que las conversaciones entre dos personas tienen algunas características específicas que los niños deben aprender. Una de estas características es *respetar el turno.* Una persona habla, espera una respuesta y después habla de nuevo. (Somos conscientes de esta «norma» sólo cuando alguien nos interrumpe.) Los padres, por lo general, no esperan a que un niño empiece a hablar para comenzar las conversaciones que le sirvan de andamiaje. Y, ya que esta capacidad se adquiere a un nivel básico fundacional, se necesita mucho andamiaje por parte de los padres para favorecer su desarrollo.

De hecho, prácticamente la única contribución que puede hacer un recién nacido es observar con atención a los padres mientras hablan. Así que, ¿qué hacen unos padres típicos? Proporcionan el resto de elementos necesarios. Formulan una pregunta al niño, dejan espacio para una respuesta (sabiendo bien que ésta no va a llegar) y después continúan como si hubieran obtenido la respuesta. Por lo tanto, una conversación «con andamios» podría sonar más o menos así:

«Hola, caramelito.» (pausa...)

«¿Qué haces?» (pausa...)

«¿Qué?» (pausa...)

«Oh, ¿estás mirando a mamá?» (pausa...)

«¿Qué ves?» (pausa...)

«Eso mismo. Ves la nariz de mamá.»

Al cabo de unas seis u ocho semanas el niño empezará a llenar las pausas, primero con arrullos, después con balbuceos y finalmente con palabras y frases. Y a medida que la capacidad del niño aumente, la estructura de apoyo de los padres comenzará a caer en desuso. Sin embargo, el andamiaje sensible de los padres puede contribuir al aprendizaje del niño durante toda su vida, modificando siempre su complejidad y su ubicación. Las observaciones cuidadosas y las respuestas bien meditadas le ayudarán a crear el apoyo óptimo para el desarrollo de la mente de su bebé.

 ### LOS TRUCOS DE «UN BEBÉ MEJOR» GARANTIZAN EL CUIDADO Y EL SENTIDO COMÚN

Durante los años setenta y el principio de los ochenta los centros de educación infantil, conocidos popularmente como Institutos para un Bebé Mejor, comenzaron a florecer por todo el territorio de los Estados Unidos. Basándose en la toma de conciencia cada vez más extendida de que los bebés tenían más aptitudes de las que se creía anteriormente, se diseñaron los planes de estudios infantiles y se abrieron las clases. Los padres que podían permitirse la matrícula, y muchos de los que no podían, acudieron en masa a esos centros para inscribirse junto a sus hijos en cursos de lectura, matemáticas, lengua extranjera, historia del arte y apreciación musical. Los cursos y los materiales eran caros y la enseñanza estaba muy estructurada y requería gran cantidad de tiempo.

Los bebés parecían ser capaces de adquirir algunas de las habilidades prometidas, pero, en conjunto, los resultados no eran de larga duración, con toda probabilidad a causa de que los padres y los bebés encontraban que las «lecciones», al igual que los resultados, no encajaban de forma natural en sus vidas. Sí, sus bebés podían reconocer palabras en ruso, un concierto de Bach y una obra maestra de Monet, pero ésas no son facultades muy útiles para un niño de dos años de edad. Y lo peor de todo era que los padres estaban consumiendo un tiempo precioso con sus bebés mostrándoles ilustraciones, escuchando cintas de audio y estudiando el material de los cursos. No es de extrañar que la mayor parte de esos trucos para un «bebé mejor» cayeran en el olvido.

Pero la reacción ha traído consigo el peligro de echar a perder al bebé.

Suhaila construye un andamio mientras juega a dar sorpresas a Destiny, de nueve meses. No pasará mucho tiempo antes de que Destiny sea capaz de participar activamente en el juego. Mientras tanto, es evidente que Destiny disfruta con cada minuto.

Los expertos comenzaron a divulgar el enfoque del «lo único que necesita es amor». Aunque es verdad que no debemos forzar a nuestros niños para que se conviertan en superbebés, también debemos proporcionarles experiencias que les estimulen apropiadamente y que se ajusten de forma natural al curso de sus actividades diarias. Esconder una uva pasa primero debajo de una taza y después debajo de otra mientras espera en un restaurante con su hijo de cuatro años de edad (una sugerencia de *Cómo potenciar la inteligencia del Bebé*) es muy diferente a pasar treinta minutos dos veces al día delante de una ilustración.

Así pues, ¿cómo puede saber si lo que está haciendo es bueno para su bebé? Si interrumpe la actividad diaria de su bebé o requiere ilustraciones o algún otro material especializado, o si los resultados prometidos no son útiles en el mundo de su hijo de dos años, es probable que sea un truco del estilo de un «bebé mejor». La norma general más sencilla es ésta: si su bebé no se divierte, probablemente no vale la pena hacerlo.

 ## UNA BUENA PATERNIDAD SIGNIFICA BUENOS RATOS, NO RATOS PERFECTOS

Cuando usted lea los capítulos siguientes habrá ocasiones en las que se pueda sentir ilusionado y a la vez abrumado por la cantidad de información que se le presenta y las muchas maneras posibles con las que usted *podría* proporcionar experiencias precoces estimulantes a su bebé. Recuerde que usted no será capaz de seguir todo los consejos, no sería recomendable. Lo que esperamos es que, utilizando las «herramientas» proporcionadas, usted escoja los consejos que le parezcan adecuados para su bebé y para usted, aquellos que se ajusten al estilo específico de interacción que están desarrollando juntos. No todos los consejos serán apropiados para todas las familias. Esfuércese al máximo para sintonizar con el temperamento de su bebé, sus intereses y su Zona de Desarrollo Próximo. Utilice sus aptitudes para crear andamios de apoyo para su aprendizaje, y preste atención a las posibles señales de sobreestimulación, como que su hijo gire la cara intencionadamente para evitar el contacto ocular y/o que haga aspavientos. Y, lo más importante, relájese, diviértase y recuerde que no hay «padres perfectos», sólo «buenos padres» afectuosos y dedicados. El simple hecho de que usted haya comprado este libro es prueba de su amor y preocupación por su hijo y de su dedicación para ayudarle a convertirse en todo lo que puede llegar a ser.

3

Comprender el mundo: resolución de problemas

¡ÚLTIMAS NOTICIAS!

Un niño de tres meses sabe cómo hacer que las cosas se muevan

Newark, Nueva Jersey. En las primeras horas del pasado miércoles, Janine Casden, madre de la niña de tres meses Angela Casden, estaba sentada cómodamente en el suelo de su salón muy atareada escribiendo las invitaciones para la fiesta de cumpleaños de su hijo de cinco años. Tras quince minutos de productiva actividad, Janine cerró el último sobre, pegó el último sello y se levantó para estirar las piernas. ¿Y dónde había estado la pequeña Angela durante todo ese rato? ¿Dormida en su cuna? ¿Con una canguro? ¿Haciendo aspavientos en su sillita? No. Angela había estado sentada alegremente en el suelo del salón junto a su madre, dedicada de pleno a su propia actividad, resolver el fascinante problema de cómo conseguir que sonaran las bonitas campanas que había encima de su cabeza.

¿Qué era exactamente lo que la pequeña Angela había descubierto sobre cómo hacer sonar las campanas? Janine comenta: «Bueno, como puede ver, utilicé una cinta de raso ancha y até con delicadeza un extremo al pie derecho de Angela y el otro extremo a las campanas que colgaban sobre ella. *Voilà!* Cada vez que ella da una patada con esa pierna, suenan las campanas. La observé mientras trabajaba y me di cuenta de que ella lo había comprendido todo en cinco minutos, y después pasó un rato estupendo moviendo esa pierna como una bandera. A veces da la patada rápido, otras veces despacio, como si experimentara para ver cómo cambiarán los sonidos. Con sólo mirarla se puede asegurar que se está divirtiendo. ¿Lo ve? Cuando se concentra, incluso aprieta su pequeña lengua entre los labios. ¡Y mire ahora esa sonrisa! Es obvio que disfruta de su capacidad para controlar esas campanas. Lo sé, porque si ella no se lo estuviera pasando bien, con toda certeza ya me lo hubiera hecho saber».

Resolución del problema 101

Nada de esto fue una sorpresa para Carolyn Rovee-Collier, investigadora de la Universidad Rutgers, cuyos estudios habían servido a Janine para apren-

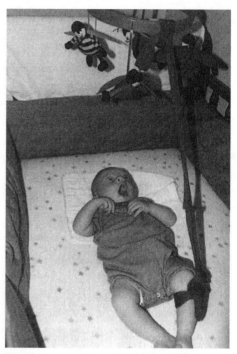

Aprendizaje activo frente a aprendizaje pasivo. Los padres que se limitan a instalar móviles encima de la cuna de sus niños (foto de la izquierda) desaprovechan una oportunidad maravillosa de observar en acción la resolución de problemas. Al unir al niño con el móvil mediante una cinta suave (foto de la derecha), usted permite que sea él mismo quien mueva el juguete. Los estudios demuestran que los bebés de dos a tres meses de edad no sólo son capaces de controlar el juguete móvil, sino que hacerlo les resulta tremendamente satisfactorio.

der muchas cosas en una clase de psicología del crecimiento. La doctora Rovee-Collier ha determinado, con la ayuda de sus estudiantes y de sus colegas, que los bebés de edades tan cortas como los dos o tres meses no sólo son capaces de entender cómo hacer que se muevan objetos tales como las campanas, sino que disfrutan con la oportunidad de hacerlo. La prueba la aportan cientos de bebés a los que, como a Angela, se les ha proporcionado una manera de controlar el movimiento de un juguete móvil situado sobre sus cabezas. Y, en acusado contraste con muchos estudios de investigación de la actualidad, la tecnología requerida no es más complicada que una sencilla cinta que una al bebé con las campanas. El bebé da una patada, el juguete se mueve, el problema está resuelto. No se necesita ningún programa de ordenador moderno.

Tras haber observado cómo los bebés resolvían uno tras otro con rapidez el misterio del juguete móvil, la doctora Rovee-Collier está convencida de que los bebés humanos alcanzan el éxito enseguida cuando se trata de resolver problemas. No es necesario sobornar a los niños de esta edad para que trabajen duro y resuelvan un problema. Ellos sienten verdaderos deseos de hacerlo si para ellos arroja algo de luz sobre el funcionamiento del mundo. En efecto, la fascinación por controlar el móvil es tan universal que incluso los bebés con síndrome de Down trabajarán duro para lograrlo. Otros investigadores, impresionados con la diversión que parece generar el experimento, han llegado incluso a utilizar el juguete móvil «contingente» (donde el movimiento es «contingente» a la acción del bebé) como elemento de intervención con bebés con desequilibrios mentales. Un bebé de ocho meses, por ejemplo, era tan introvertido que rara vez se movía y nunca se le había visto sonreír. Dos horas después de haberle mostrado el juguete móvil, todo aquello había cambiado. No sólo lo movía de forma vigorosa, ¡sino que por primera vez en su vida también sonreía alegremente! ¿Qué mejor testimonio del afán innato de comprender las cosas?

Resolución de problemas: aquí, allí y en cualquier lugar

Si usted piensa en ello, apenas transcurre una hora antes de que cualquiera de nosotros tenga que resolver un problema. Por fortuna, relativamente pocos problemas de los que se presentan en la vida son grandes problemas, como evitar la rivalidad entre hermanos o equilibrar las necesidades de los hijos con las exigencias del trabajo. La mayor parte de los problemas a los que nos enfrentamos a diario son de mucha menos envergadura, pero sin embargo también son estimulantes: cómo mantener a su bebé de tres meses distraído en solitario el tiempo suficiente para que usted guarde los alimentos, o cómo quitar las manchas de zanahoria de la bata de su chiquillo.

Sea cual sea la envergadura de cada uno de los problemas que usted afronta (y que su hijo afrontará tanto en la escuela como fuera de ella), requieren un tipo de pensamiento conocido a menudo como percepción. Mientras avanzamos aparentemente dando tumbos hacia una solución viable para un problema decimos «¡Ajá!», a menudo bajo la impresión de que la solución brotó de forma natural de algún lugar bajo la superficie de nuestras mentes. Pero la verdad es que la solución a cada problema no viene de un lugar indeterminado, sino que es el resultado de un trabajo duro bien hecho al estilo tradicional. Trabajo mental, desde luego, pero no obstante trabajo. Piense en esto:

- Las diferentes facetas del problema deben entenderse correctamente y mantenerse en la memoria para poderlas recuperar al instante.

- Las nuevas informaciones que puedan ser potencialmente relevantes deben recopilarse y evaluarse.

- Toda esta información debe organizarse y reorganizarse para que los nuevos puntos de vista puedan salir a la superficie.

- Por último, cuando se nos ocurre una posible solución debe evaluarse su idoneidad. Si se encuentra idónea, entonces todo el mundo debe felicitarse. Si no, bueno, entonces: «Si no obtiene éxito la primera vez...».

Si todo esto le suena complicado, tiene razón, lo es. Los profesores saben lo estimulante que puede llegar a ser la resolución de problemas y ésa es una de las razones por las que, a partir de preescolar, los profesores mandan como deberes la resolución de tantos problemas. No hay ninguna duda de que esta práctica hace más probable que un niño se convierta en una persona que resuelva bien los problemas. Pero, como le dirá cualquier profesor, practicar la resolución de problemas no hará que su hijo llegue a ningún lado a menos que él sienta el deseo de resolver los problemas de entrada. Los niños se comprometen fácilmente con algunos problemas («¿Cómo puedo abrir ese bote de galletas?»). Es posible que otros problemas no resulten tan atractivos («¿Cuál es la mejor manera de ordenar el salón?»). Afortunadamente, los últimos trabajos de investigación demuestran que la Madre Naturaleza nos otorga a todos el deseo de resolver problemas desde el nacimiento, así que el reto para los padres no es inculcar el deseo, sino cómo educarlo a lo largo del tiempo.

Otros retos de «contingencia» para Angela

Divertirse haciendo que se muevan los juguetes móviles no es la única clase de «contingencia» con la que disfrutan los bebés de la edad de Angela. Otros investigadores han descubierto el mismo tipo de resolución de problemas («Si yo hago esto, esto hace eso») en situaciones muy diferentes. Por ejemplo, Hanous Papousek, un investigador húngaro, desafió a bebés de dos meses a que aprendieran a conseguir que se encendiera una luz roja. Los bebés dieron con la respuesta rápidamente. Lo único que necesitaban era un ligero giro de su cabeza hacia la derecha. Pero la historia no se acaba aquí.

El mundo está lleno de juegos de contingencia potenciales (como en «Si yo hago esto, esto hace eso») de los que pueden disfrutar los niños y que también les permiten practicar su capacidad de resolver problemas. Lynn y Brandon, que tiene siete meses de edad, están jugando con una botella de plástico con agua. Cada vez que Brandon levanta la pajita, Lynn la baja de nuevo. Después intercambiarán los papeles: Lynn será la que la suba y Brandon el que la baje. ¡Quién dice que los juguetes deben ser caros!

Los bebés parecían emocionados al principio, girando la cabeza de forma entusiasta hacia la derecha y viendo cómo aparecía la luz. Pero no pasó mucho tiempo antes de que los bebés empezaran a aburrirse. En ese momento ellos se calmaban y giraban la cabeza sólo de vez en cuando, como si estuvieran comprobando si todavía tenían el control de la luz.

Tras observar esta comprobación periódica, Papousek cambió en secreto la «regla» para que, de repente, los bebés tuvieran que girar la cabeza hacia la derecha para que se encendiera la luz. Tan pronto como una de esas comprobaciones periódicas reveló que un giro de la cabeza hacia la derecha ya no funcionaba, los bebés se pusieron a trabajar con empeño y descubrieron la nueva solución al problema. Pero en cuanto los bebés descubrieron que la clave ahora estaba en girar la cabeza hacia la izquierda y lo hubieron practicado unas cuantas veces, comenzaron a perder el interés de nuevo.

Papousek decidió retar a los bebés una última vez. En este caso el cambio secreto de la regla consistió en que para que la luz se encendiera se necesitaba un giro de cabeza a la derecha seguido de un giro de cabeza a la izquierda. Cuando los pequeños científicos de Papousek descubrieron que se necesitaba una tercera solución, debatieron en busca de la combinación ganadora hasta que aislaron la respuesta, llevaron a cabo los giros necesarios unas cuantas veces y después se detuvieron, satisfechos por haber resuelto el problema una vez más.

¿Qué era lo que motivaba realmente a esos bebés a trabajar tan duro? Es obvio que no era la fascinación por la luz roja en sí misma, ya que entonces no se hubieran aburrido con tanta rapidez. No, lo que mantenía a esos bebés interesados, incluso a la tierna edad de dos meses, era el misterio de la luz. Ellos ciertamente disfrutaban del reto de resolver el problema y de la sensación de tener el control sobre al menos una pequeña porción de su mundo. Cuando los padres reconocen que a los bebés les beneficia afrontar retos como éste, les resulta sorprendentemente sencillo crear pequeños juegos de «contingencia» a partir de materiales y experiencias habituales. No es necesario ningún aparato moderno. A continuación le presentamos unas cuantas ideas con las que iniciarse.

Consejos para padres

Proporcione experiencias móviles de contingencia colgando juguetes sencillos (o incluso utensilios de cocina como cucharas medidoras) encima del bebé y unidos a él mediante una cinta suave. Aunque los juguetes móviles que se comercializan son válidos, ciertamente no son necesarios. Los objetos pueden colgarse desde una especie de «gimnasio» para bebés como los que se encuentran en las tiendas, desde la capota de los cochecitos, desde las perchas de la ropa o incluso, si se está al aire libre, de las ramas bajas de los árboles. Siguiendo el consejo del estudio de Papousek, los padres pueden mantener a sus hijos motivados variando el pie (o incluso el brazo) que debe moverse. La belleza de esta actividad es que incluso los recién nacidos pueden entretenerse con ella. Es posible que no comprendan totalmente su papel a la hora de hacer que se muevan los juguetes, pero el hecho de que ellos los muevan les proporciona algo interesante que observar. (Evidentemente usted querrá quedarse cerca y vigilar para asegurarse de que el bebé no se enreda con la cinta.)

Practique juegos de contingencia muy sencillos con su bebé. Esas actividades se benefician de la fascinación de los bebés al sentirse participantes activos en los juegos que tienen como premisa básica: «¡Si yo hago esto, tú harás eso!». El juego de las sorpresas es un buen ejemplo. La madre se pone una prenda de ropa encima de la cabeza y dice «Cu...», esperando que el bebé le quite la prenda de encima. Entonces la mamá dice «¡cu!». Hay muchas risas, y el bebé no necesita mucho tiempo para aprender su parte del guión, para saber que tiene que estirar de la prenda. Otro ejemplo: el padre desaparece tras una puerta hasta que el bebé comienza a abrirla, entonces el padre aparece de un salto. Como variante, tras unas cuantas repeticiones el padre puede retrasar su aparición un poco, el tiempo necesario para que el bebé se pregunte si algo ha cambiado y después descubra encantado que no.

A todos los bebés les gustan las caras, llenas como están de partes móviles e interesantes, ojos, narices, bocas, etcétera. Utilice esta fascinación en su provecho creando pequeños juegos de contingencia como el siguiente. Pida a su bebé que le toque la nariz. Cuando lo haga, sorpréndalo sacando a la vez la lengua. Cuando él ya haya disfrutado de esta contingencia durante un rato, sorpréndalo no sacando la lengua sino haciéndole cosquillas. Otra variante muy popular es inflar las mejillas e invitar a su bebé a que las apriete con sus dos dedos índice. Cuando sus mejillas se desinflen, saque la lengua. Después, cuando retire sus dedos, haga desaparecer bruscamente la lengua. Existen infinitas variantes sobre este juego.

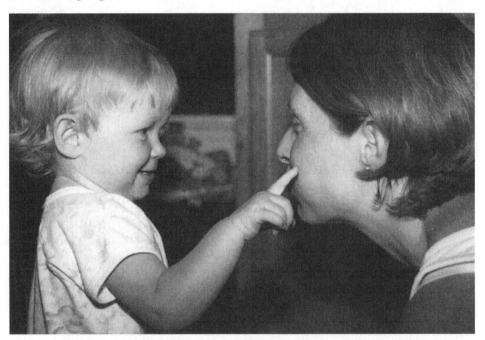

El viejo y querido juego de las «mejillas infladas» es un buen ejemplo de lo divertido que es el aprendizaje de la contingencia para los bebés. Cada vez que mamá infla las mejillas, Micaelan, de doce meses de edad, las aprieta, demostrando que a veces es bueno para un padre estar «que bufa».

• A PARTIR DE 12 MESES

En esa época su hijo ya será un veterano observador de los juegos de contingencia, y buscará de forma automática efectos interesantes que produzcan sus acciones en el mundo. Los fabricantes de juguetes han sido muy intuitivos y han reconocido este talento, convirtiéndolo en la base de algunos juguetes muy tradicionales. Girar una manivela hace que se abra la caja sorpresa, presionar una palanca hace que ruede una plataforma, colocar las piezas del puzzle en la posición correcta hace que encajen en los agujeros. Estos juguetes son fantásticos. En todos los casos, el niño se esfuerza para conseguir algo que quiere.

• A PARTIR DE 18 MESES

Una vez más, los juguetes comprados en las tiendas no son la única opción. Pruebe a meter un trozo de galleta dentro de una caja de cerillas de las que se abren deslizando la tapa. Desafíe a su hijo a que aprenda a abrir una bolsa de plástico de cierre deslizante para conseguir las uvas que haya en su interior. Coloque uno de sus juguetes favoritos encima de la mesa del salón, fuera de su alcance, para que el niño tenga que imaginar qué tiene que utilizar para conseguirlo. Nuestro primer premio a la creatividad paternal es para una madre que tuvo un momento de brillantez cuando estaba a punto de tirar el cilindro de un rollo de papel higiénico. Para crear un sencillo problema que su hija de treinta meses pudiera resolver, empujó una golosina hasta el centro del cilindro. Después de que su hija luchara durante un rato para sacarla con sus dedos, la mamá le acercó una cucharita del té. La niña meditó las cosas un momento y entonces la bombilla se encendió. Metió la cuchara, empujó fuerte y la golosina fue historia.

Juego de contingencia al rescate

Linda descubrió, durante un vuelo a través del país, lo fácil que resulta idear juegos sencillos de contingencia, y lo autoritarios que pueden llegar a ser los niños pequeños. Cuando hubo subido al avión se encontró sentada junto a una joven madre y su hijo, Noah. Como sabe cualquier padre que haya volado largas distancias con un niño, no se puede hacer mucho para evitar que un niño activo se sienta frustrado y aburrido en un viaje de seis horas en avión. Pero allí estaba Linda, una «experta» en crecimiento infantil, viendo cómo esa madre luchaba con su hijo pequeño. ¿Qué podía hacer ella para ayudar en un espacio reducido como aquel? Ella recuerda su solución con cariño:

Se me ocurrió una idea cuando me fijé en el pequeño cenicero (que hoy en día ya no existe) que había en el brazo del asiento entre Noah y yo. Apreté sobre una parte de la tapa, que tenía bisagras, y ésta se levantó. Entonces puse mi dedo sobre el lado contrario. «Clinc», cerrado. Al oír el ruido metálico repetido del abrir y cerrar, Noah dejó de revolverse y miró al cenicero. Sin decir una palabra, repetí mis acciones. Ahora, para ver si Noah estaba interesado en jugar al juego, apreté la tapa abierta y aparté la mano rápidamente. Noah me miró fijamente a los ojos, preguntándose qué era lo siguiente que yo iba a hacer. No hice nada. Él miró el cenicero, extendió cautelosamente un dedito y cerró la tapa. Me miró de nuevo. Continué con mi turno del juego y abrí la tapa. Era evidente que Noah estaba ya interesado.

Intercambiamos los turnos una y otra vez, mientras cada uno de nosotros miraba al otro para ver qué era lo próximo que sucedería. Cuando pensé que Noah podía empezar a aburrirse, cambié mi táctica. Esta vez abrí y cerré la tapa. Los ojos de Noah se abrieron llenos de sorpresa, pero tras un pequeño retraso para idear su nueva «táctica», estiró la mano, abrió el cenicero y me miró con su mayor sonrisa. ¡Estaba completamente enganchado! Jugamos durante casi veinte minutos antes de que se cansara y se durmiera.

Para la madre de Noah y para Linda, y para muchos de los pasajeros que se sentaban cerca de ellas, el juego supuso algo de alivio en una situación difícil. Pero para Noah fue un problema que resolver y, como mínimo, una oportunidad de dominar un reto intelectual en su mundo de un año de edad.

¡ÚLTIMAS NOTICIAS!

Un niño recién nacido le saca la lengua a su padre

Vancouver, Canadá. James, padre orgulloso de Timothy, de un día, se inclinaba sobre la cunita y contemplaba con adoración los rasgos del rostro de su bebé. En un esfuerzo para atraer la atención de Timothy, James sacó la lengua repetidamente, moviéndola de un lado a otro. «Funciona», pensó James cuando vio los ojos de Timothy sobre su rostro. Y entonces, para gran sorpresa de James, ¡Timothy le sacó la lengua! James pestañeó sin creerlo, convencido de que su imaginación le estaba gastando una broma. Pero entonces Timothy, mirando fijamente a su padre (de una forma un poco bizca), sacó de nuevo la lengüecita entre sus labios. «Oh, es sólo una coincidencia», pensó James. «Sólo es un recién nacido. Es imposible que me pueda estar imitando.»

Como diría un francés, *au contraire!* No era ni la imaginación de James ni una coincidencia. Como pueden confirmar hoy en día los científicos, Tim estaba en efecto imitando el comportamiento de su padre. Andy Meltzoff, de la Universidad de Washington, hizo un hallazgo que hizo tambalearse al mundo científico al completo. Descubrió que los bebés, incluso los de un día de vida, imitan resueltamente movimientos sencillos. Observando a sus «compañeros de conversación» mientras hacen gestos faciales como sacar la lengua, arrugar los labios o abrir mucho la boca, estos bebés se meten de lleno en el juego de la imitación.

Si usted se muestra escéptico sobre la capacidad de un recién nacido de imitar a otra persona, le interesará saber que cuando esta información se extendió por la comunidad de expertos en desarrollo infantil, la mayoría la recibió con total incredulidad. Pero hoy en día, tras repetidos estudios con niños recién nacidos en varias partes del mundo, hay pocas dudas de su veracidad. Parece ser que los recién nacidos, desde los Estados Unidos a Suecia, desde Israel al Nepal, vienen al mundo con una capacidad asombrosa de imitar comportamientos sencillos de otras personas.

De tal palo, tal astilla

¡Qué proeza más sorprendente! Para comprender la *complejidad* de este comportamiento, intente entender el dicho desde el otro ángulo. Si usted ha observado alguna vez las curiosas expresiones faciales de un bebé de poco tiempo, sabrá lo difícil que es para *nosotros*, como adultos, resistir el impulso de imitarlos. Cuando un recién nacido abre la boca con un gran bostezo o una enorme sonrisa, hay muchas posibilidades de que la madre o el padre sigan su ejemplo. Esa imitación resulta tan natural para los adultos que pocos de nosotros nos paramos a considerar qué es lo que supone realmente. Sin embargo, para que el padre pueda imitar a Timothy tiene que ser capaz de ver sus movimientos, descubrir qué partes de su propio rostro corresponden a las que Timothy ha movido y después hacer que esas partes se muevan de la misma forma en que su hijo ha movido las suyas. Como todos los adultos, el padre supera el reto con facilidad. ¿Y por qué no iba a hacerlo? Después de todo, tiene décadas de práctica en su haber.

Pero, ¿cómo una secuencia tan compleja puede estar al alcance de un recién nacido? Después de todo, Timothy, el bebé dormilón, en un día de vida ni tan siquiera ha visto nunca su propio rostro, y mucho menos ha tenido una oportunidad para descubrir cómo se corresponde con el de otra persona. Es aquí donde entra en acción la resolución de problemas. En un principio los intentos de los bebés son bastante toscos, una lengua ligeramente visible, por ejemplo, o unos labios un poco separados, como si supieran lo que quieren pero no cómo lograrlo. Pero si el adulto que le sirve de ejemplo mantiene su comportamiento, no sólo obtiene la recom-

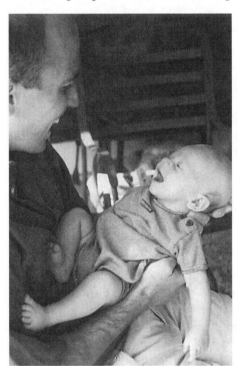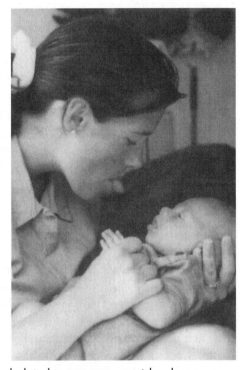

Cuando se trata de imitaciones, los bebés humanos enseguida alcanzan el éxito. Incluso los bebés recién nacidos imitarán los movimientos faciales sencillos. Y, como demuestra claramente el pequeño Henry, no tienen favoritismos a la hora de imitar a alguien.

pensa de conectar con la otra persona, sino que también recibe más lecciones para refinar sus propias respuestas. A través de esos intercambios cautivadores, los bebés resuelven el problema de forma gradual y comienzan a llevar a cabo algunas imitaciones excelentes. Y eso es sólo el principio.

Con la ayuda de equipos de vídeo profesional y observaciones cuidadosamente controladas, el doctor Meltzoff y sus colegas han descubierto que los bebés de incluso dos días pueden imitar también los movimientos de cabeza de un adulto. Sentados en una sillita infantil acolchada que los aguantaba cómodamente en una posición erguida, los bebés del doctor Meltzoff vieron como un adulto giraba su cabeza en el sentido de las agujas del reloj. Sí, lo ha adivinado, los bebés siguieron el ejemplo.

Y aunque sus movimientos de cabeza eran un poco toscos, estaba claro que ellos estaban dando lo mejor de sí mismos, demostrando una vez más que las semillas de la imitación ya habían comenzado a brotar. Así que estén atentos, padres, ¡es posible que tengan que empezar a vigilar su comportamiento antes de lo que creían!

Imitación infantil: ¿por qué es tan importante?

¿Por qué la imitación es una habilidad tan importante para los bebés? Aunque imitar a los demás ciertamente no es la única forma que tiene un niño para aprender, la capacidad de imitar está ligada de forma muy clara a muchos de los logros posteriores de un bebé. Aprender a hablar, por ejemplo, aun siendo algo innato en los humanos, depende en gran medida de la imitación del lenguaje que escuchamos a nuestro alrededor. Todo, desde aprender a aguantar una cuchara hasta aprender a utilizar el orinal, está muy influenciado por la imitación. Los investigadores también creen que la imitación sirve asimismo para hacer que los «compañeros de conversación» quieran repetir las interacciones, ya que premian a ambas partes.

Esta tendencia instintiva a imitar a los demás hace que los bebés se metan en el modo de resolución de problemas desde el inicio de sus vidas. Como hemos mencionado antes, los bebés avanzan con la resolución de problemas. La recompensa es muy gratificante, el padre se queda cerca para interactuar un poco más y el bebé se divierte. La imitación es un componente muy importante del desarrollo que la Madre Naturaleza no ha dejado en manos del azar. Se ha asegurado de que cada uno de nosotros comienza el viaje de la vida con una herramienta necesaria a mano.

Así pues, ¿cómo puede aprovecharse usted del interés innato de su hijo por la imitación? Aquí tiene unas cuantas ideas.

Consejos para padres

• A PARTIR DEL NACIMIENTO

Practique juegos sencillos de imitación durante las interacciones cara a cara con su bebé desde los primeros días, asegurándose de hacer las pausas necesarias para permitirle asimilar la información y preparar una respuesta. Sea paciente. Los bebés tienen que estar atentos, en paz con el mundo. Tienen que estar también lo suficientemente cerca para ver bien. Aunque su bebé dista mucho de ser ciego cuando nace, casi todo está todavía bastante borroso. Por consiguiente, la distancia idónea a la que debe colocar su rostro es de veinte a veinticuatro centímetros, que es también la distancia entre su rostro y el de su bebé cuando usted lo toma con cariño entre sus brazos. Durante las primeras semanas, intente expresiones faciales muy sencillas, como sacar la lengua, fruncir los labios o abrir mucho la boca. Después evolucione a movimientos de su cabeza como trazar círculos con la cara, como si estuviera siguiendo los números de un reloj con los ojos.

• A PARTIR DEL NACIMIENTO

Tome ejemplo de los movimientos de su bebé e imite sus comportamientos sencillos. Los adultos lo hacen de forma natural con las expresiones faciales, pero rara vez con los hombros, los brazos, las manos o los dedos. Por ejemplo, cuando su bebé curve los dedos, haga lo mismo con los suyos. Después observe atentamente a su bebé buscando cualquier atisbo de un intento, aunque sea basto, de repetir el movimiento. Premie su esfuerzo por unirse al juego de la imitación con grandes sonrisas y palabras de ánimo. Aunque es posible que no pueda comprender el significado de sus palabras, con toda certeza captará su mensaje, que usted está encantado de verlo dominar el mundo que le rodea.

A medida que su hijo crece los juegos de imitación pueden volverse más creativos y complejos. ¿Recuerda el juego de «Simón dice» al que jugaba cuando era niño? «Simón dice que aplaudáis (clap, clap). Simón dice que hagáis ruido con los pies (pom, pom). Que os deis palmadas en el estómago (pat, pat). ¡Te pillé! No he dicho "Simón dice".» El objetivo del juego era intentar atrapar a los jugadores imitándole sin que Simón se lo hubiera ordenado. Con una modificación muy sencilla el juego será adecuado incluso para los niños de doce a veinticuatro meses. El truco aquí consiste en incluir siempre la frase «Simón dice» en lugar de dejar de decirla en algunas ocasiones.

La capacidad innata de imitar lo que vemos hacer a los demás ha ayudado a sobrevivir y a mejorar la especie humana. Adam, de dieciocho meses de edad, está aprendiendo a lavar el coche imitando a su padre, y se lo está pasando muy bien con todo el proceso.

Cuando su hijo se haya convertido en un buen imitador puede graduarse en la versión original del juego. No solamente perfeccionará su habilidad para la imitación, sino que también le ayudará a aprender a ser un oyente mejor. Cualquiera que sea la versión que utilice, será divertido para ambos imaginar movimientos cómicos y creativos con diferentes partes del cuerpo. Combinar dos o más movimientos, como dar palmaditas sobre su cabeza mientras abre la boca, hará que el juego se mantenga interesante y divertido. Y no olvide intercambiar los papeles ocasionalmente para que su hijo pueda *desafiarle a copiarle.* ¡No hay ningún niño en el mundo al que no le encante la idea de decir a los adultos lo que deben hacer!

¡ ÚLTIMAS NOTICIAS !

Un niño de tres meses predice el futuro

Denver, Colorado. Se apagaron las luces y subió el telón mientras Trina, de tres meses de edad, se acomodaba en su silla, dispuesta a disfrutar del espectáculo. ¿Qué había en la «gran pantalla»? Aunque sería difícil que obtuviera un Oscar según los criterios de los adultos, la película de dos minutos que Trina iba a ver era un verdadero éxito entre el público de dos a tres meses. Creada pensando en el cerebro en desarrollo, *El misterio de los dibujos que desaparecían,* como podía haberse llamado, no sólo mantenía los ojos de Trina pegados a la pantalla, sino que también la desafiaba a predecir qué era lo próximo que iba a ocurrir, lo que es sin ninguna duda la señal de un buen guión.

La producción y la dirección recae en este caso sobre Marshall Haith, Naomi Wentworth y sus colegas de la Universidad de Denver, que llevan ya varios años desafiando a bebés como Trina. La trama básica es la misma en todas sus películas. Dibujos sencillos, como tableros de damas, dianas y rostros, aparecen y desaparecen de uno en uno, tanto en la parte derecha de la pantalla como en la izquierda, mientras un ordenador registra hacia dónde miran los bebés como Trina. El desafío para los bebés es muy sencillo en apariencia: averiguar dónde y cuándo mirar para ver el siguiente dibujo con anticipación. Los objetos siempre aparecen en las mismas posiciones en una película determinada (lado izquierdo y lado derecho, por ejemplo, pero en algunas películas las posiciones siguen un orden predecible (izquierda-derecha-izquierda-derecha, y así sucesivamente), mientras que en otras películas no. Cada película dura dos minutos y ofrece unas veinte repeticiones de las secuencias.

¿Qué harían los adultos ante estas situaciones? No hay duda de que buscarían un patrón y, si existiera, lo detectarían con rapidez y comenzarían a utilizarlo de inmediato para hacer que su forma de mirar fuera lo más eficaz posible. «¡Ajá! Izquierda-izquierda-derecha-izquierda-izquierda-derecha. ¡Lo tengo!» Pero esas predicciones requieren memoria, planificación y movimiento resuelto. ¿Pueden los bebés de sólo dos o tres meses aprender una secuencia complicada, predecir de forma acertada dónde va a estar el dibujo y girar sus ojos con anticipación hacia el lugar, todo ello antes incluso de que el dibujo aparezca? ¡Puede apostar que sí! Y, además, si el tiempo entre dibujo y dibujo es muy, muy corto, los bebés de tres meses descubren al instante que tienen que mover sus ojos muy, muy rápido. Y no se limitan a descubrir si es izquierda o derecha. Los investigadores de Denver los desafiaron hace poco tiempo con cuatro secuencias de posiciones: arriba, izquierda, derecha, abajo, y los bebés resolvieron bien el problema.

Incluso a los bebés muy pequeños les gusta descubrir patrones para poder predecir así lo siguiente que va a suceder. En este caso, el reto del bebé es predecir el siguiente punto en el que va a aparecer la luz. Incluso los niños de tres meses son buenos en esta actividad.

«La bola de cristal» de Trina

¿Por qué es tan importante este tipo de resolución de problemas? Una razón es que esa rudimentaria «predicción» constituye el núcleo de una habilidad extremadamente flexible que tenemos los humanos: la capacidad de estar preparados. Las sorpresas, desde luego, son bonitas de vez en cuando, pero cuando ocurren demasiado a menudo, las llamamos caos, y el caos constante no es bueno para nadie. Y además, dada la importancia de esa predicción para la supervivencia, no debería sorprendernos otro descubrimiento llevado a cabo en la Universidad de Denver, en esta ocasión a cargo de la investigadora Janette Benson. En consonancia con la noción de que los primeros acontecimientos del desarrollo tienen consecuencias posteriores, la doctora Benson descubrió que la facilidad con la que los bebés aprenden a predecir las secuencias de dibujos a los ocho meses de edad sirve realmente como previsión de sus coeficientes intelectuales en edades muy posteriores. Se da el caso que ambos tests dependen en parte de un procesamiento rápido de la información, buena capacidad de memoria y un análisis perceptual eficaz. Dado que la perfección se consigue gracias a la práctica en casi todas las áreas, se desprende que la divertida tarde de Trina en el «cine» le proporcionó algo más que un simple buen rato. Sin saberlo, ella también estaba disfrutando de una oportunidad excepcionalmente precoz de comenzar a estimular su capacidad de resolución de problemas.

De detector de patrones a pequeño científico

Cuando Trina se aproxime al final de su primer año y al principio del segundo, un cambio destacable tendrá lugar en sus interacciones con el mundo, un cambio destinado a hacer que sus padres se vuelvan locos a menos que comprendan su importancia. Nos referimos nada menos que a la transformación de Trina al pasar de ser simplemente una *resolutora* de problemas (capaz de detectar patrones y predecir las consecuencias) a ser una *planteadora* de problemas, y por si fuera poco, una gran entusiasta. Por «planteadora de problemas» nos referimos a una niña que busca de forma deliberada aprender acerca del mundo creando sus propios experimentos, recopilando los datos y analizando los resultados. En otras palabras, la niña se vuelve capaz de decirse a sí misma: «Ummm, me pregunto: ¿qué pasaría si...?». En lugar de sentirse feliz hallando simplemente las respuestas a los problemas que un adulto considere importantes (una secuencia de luces particular, por ejemplo), el niño se ocupa ahora también de las *preguntas*. Por desgracia, muchos padres no comprenden la importancia de este comportamiento y acaban poniendo freno de forma involuntaria a la inclinación natural de su hijo por descubrir cómo funcionan las cosas.

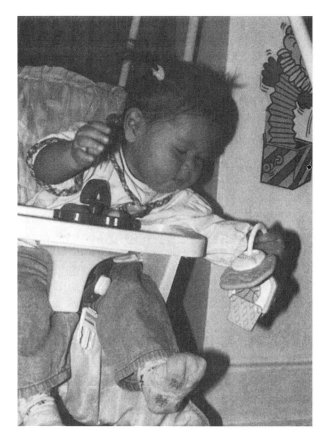

Como a todos los bebés de su edad, a Destiny, de diez meses, le gusta tirar cosas al suelo, ya sea desde la esquina de su cuna, fuera de su parque o desde la bandeja de la trona. Para sus padres puede resultar sorprendente ver que es probable que su motivación no sea volverles locos. En lugar de eso es muy posible que ella esté experimentando con los objetos para aprender más sobre sus propiedades.

Imagine a Hudson, de doce meses de edad, jugando en su cuna. Sí, es divertido hacer sonar sus viejos sonajeros y morder su mordedor preferido, pero es todavía más divertido lanzarlos fuera de la cuna, al suelo. Detrás de los sonajeros y el mordedor van la almohada, los calcetines, el biberón y cualquier cosa que no esté atornillada. ¿Ve a qué nos referimos cuando hablamos de volver locos a los padres? Demasiado a menudo los padres malinterpretan esos comportamientos como intentos premeditados de complicar sus vidas. El niño parece disfrutar haciendo exactamente lo que le han dicho que *no* haga. Con toda seguridad ése es el primer paso hacia una vida de desafío a la autoridad y, por consiguiente, algo que debe desaconsejarse sin duda.

Aunque no del todo. A pesar de que esos padres tienen razón en una cosa. De hecho, el niño está «disfrutando» con su comportamiento, pero no a causa de su efecto sobre los que le rodean. En lugar de eso, los niños que se encuentran en esta etapa de su desarrollo disfrutan con su capacidad de formular y responder preguntas sobre el funcionamiento del mundo. Cuando Hudson, de doce meses de edad, tira cosas desde su cuna en realidad está obteniendo conclusiones importantes de lo que son, en esencia, miniexperimentos. «Umm, el sonajero y el mordedor han rebotado, pero la almohada y el calcetín no. Me pregunto por qué. Quizá el resultado será diferente si la próxima vez tiro la almohada desde encima de mi cabeza y el sonajero desde más cerca del suelo...»

Si ha hecho algún curso de psicología del desarrollo es posible que reconozca en esta descripción lo que el famoso psicólogo suizo Jean Piaget llamó «reacciones circulares terciarias». (Francamente, siempre hemos lamentado tener que utilizar un término tan complicado y tan difícil de recordar para hablar de un comportamiento tan adorable y fácil de comprender.) La clave reside en la palabra *circular*. La conducta del bebé es circular, puesto que la repite una y otra vez, modificando ligeramente los detalles en uno y otro momento, pero siempre con la mirada fija en la recompensa: comprender cómo funcionan las cosas en nuestro fascinante mundo.

No estamos sugiriendo que usted sonría dulcemente mientras su pequeñín lanza cosas por toda la habitación o raya los muebles. Es obvio que en estos casos se necesita un tipo de aprendizaje diferente sobre el mundo. Pero sí que le estamos indicando que gran parte de lo que parece ser una conducta obstinada es simplemente «tareas de bebé». Como pequeños científicos en ciernes, los bebés están trabajando duro para comprender todo lo que pueden acerca del mundo que les rodea.

Comprendiendo «pasado» y «futuro»

Volvamos por un instante al Cine para Bebés de Denver para visitar a Trina. En este caso, la lección para los investigadores y también para los padres es que los bebés, incluso los de dos a tres meses de edad, son capaces de predecir el futuro basándose en la comprensión del pasado. Esto es, en esencia, lo que estaba haciendo Trina cuando detectó la secuencia de aparición de los objetos en partes específicas de la pantalla, para después utilizar esa información para anticipar el siguiente lugar de aparición. El doctor Haith y sus colegas nos han ayudado a darnos cuenta de que los bebés resuelven muchos problemas de forma automática y con entusiasmo.

Hudson, de doce meses de edad, afrontó con un entusiasmo similar la tarea de crear el caos con sus juguetes (o con las cazuelas y las ollas del armario, con los libros de la estantería o los pañales del cambiador). Al hacerlo él demostró la evolución natural de las habilidades rudimentarias para la resolución de problemas de Trina. En ese momento, en lugar de predecir el futuro basándose en la comprensión del pasado, Hudson era capaz de *idear* un «pasado» (lanzando el juguete desde la cuna) específicamente para *observar* el «futuro». Para cerrar el círculo (¡cómo le gustaría esto a Piaget!), la sabiduría que Hudson obtuvo de cada uno de esos pequeños experimentos se añadió de forma inevitable a su base de datos cada vez mayor, haciendo de ese modo que la predicción del futuro le fuera más sencilla.

Los bebés como Trina y Hudson son capaces de resolver problemas sencillos. La observación de sus conductas, incluso de las más sencillas, nos enseña muchas cosas sobre sus mentes en desarrollo. Y cuanto más aprendemos, más fácil nos resulta ayudarles en sus investigaciones para resolver los problemas específicos que se encontrarán durante su crecimiento. A continuación le presentamos unos cuantos consejos que puede utilizar para ayudar a su bebé a lo largo del camino.

Consejos para padres

• A PARTIR DEL NACIMIENTO

Utilice muñecos o cualquier otro juguete que resulte atractivo para crear su propia versión del Cine para Bebés de Denver. Sólo tiene que hacerlos aparecer repentinamente a la derecha o a la izquierda de la vista del bebé, desde debajo de una mesa, desde detrás de su espalda o incluso desde los lados de la cuna. Fíjese en los ojos de su bebé y de forma gradual verá pruebas de la anticipación. A medida que su bebé vaya creciendo intente secuencias ligeramente más complicadas y con más posiciones. Y no dude en incorporar juguetes diferentes (quizá incluso alguno que haga ruido) para mantener el interés. De hecho, piense en reclutar a las hermanas y hermanos mayores para aparecer y desaparecer. ¡Ésa es una tarea que incluso un niño de cuatro años puede hacer!

Los padres pueden crear muy fácilmente un juego que imite el Cine para Bebés de Denver escondiendo un juguete detrás de su espalda y haciéndolo aparecer siguiendo la secuencia predecible izquierda-derecha. Sea paciente y al cabo de poco tiempo verá que los ojos de su bebé se mueven con anticipación de un lado a otro.

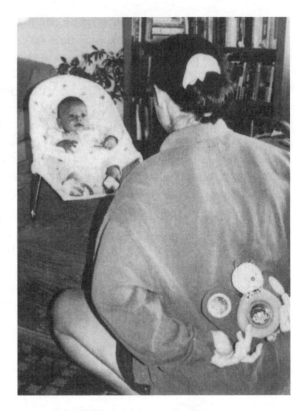

• A PARTIR DE 12 MESES

A medida que su bebé vaya creciendo, usted puede obtener todo el beneficio posible del famoso juego de esconder algo en una mano mientras ambas están detrás de la espalda. Cuando se le enseñan los dos puños cerrados el desafío evidente para el bebé es adivinar qué mano esconde el premio. Con lo que usted sabe sobre el interés de su bebé por detectar patrones, usted puede apreciar la pequeña variación que le presentamos de este viejo clásico: tenga una secuencia en la mente desde el principio (por ejemplo: izquierda, derecha, izquierda, derecha) y repítala el número de veces necesario para que el bebé la aprenda. Lo bonito de este juego es que funciona en cualquier lugar, incluso durante esos espantosos episodios en el restaurante, cuando su bebé está inquieto y parece que la comida no va a llegar nunca. Sólo tiene que romper un pedacito de galleta, o de cualquier otra cosa que tenga a mano, para que sea el premio de cada partida y ponerse a jugar.

• A PARTIR DE 12 MESES

Sea consciente del valor de la exploración del mundo que realiza su hijo y proporciónele muchas oportunidades para que pueda experimentar. Ser un poco más tolerante cuando tire cosas al suelo es solamente una de las muchas formas que usted tiene para alentar este comportamiento. (¡Aquí también puede echar una mano un hermano mayor!) También le puede resultar útil hablar sobre lo que el bebé está haciendo y viendo mientras usted recoge los objetos: «¡Mira lo lejos que ha llegado la bola roja esta vez!». Esté atento también a otras leyes de la física en las que esté interesado su hijo, como meter y sacar objetos de recipientes, abrir y cerrar cajas, escuchar el ruido del papel cuando está arrugado o apretar gelatina entre sus dedos. Además, fíjese en que todos esos «juguetes» son gratuitos.

• A PARTIR DE 24 MESES

En esta época, tanto la coordinación motriz como la capacidad para el lenguaje han mejorado lo suficiente para hacer que los juegos de palmadas sean fáciles de explicar y de practicar. Su hijo y usted se sientan uno frente al otro, como se sentarían para jugar a «palmas, palmitas». Su trabajo consiste en establecer una secuencia predecible de palmadas para que su hijo pueda aprenderla y anticiparse. La secuencia se puede volver todo lo rápida y complicada que pueda asimilar su hijo. Por ejemplo, usted puede comenzar por palmear ambas rodillas dos veces, aplaudir dos veces y después unir las palmas de las manos dos veces. Repita este ritmo una y otra vez hasta que su hijo pueda anticiparse y copiar tranquilamente cada movimiento. Cuando ya controle la secuencia, introduzca un elemento ligeramente diferente, quizá cruzando las manos antes de aplaudir. Ya ha comprendido la idea. Su hijo aprenderá rápidamente a observarle con atención. No sólo dispone de un número infinito de variantes sobre estos juegos de palmadas, sino que además es fácil que los hermanos mayores también jueguen. De hecho, puede sentarse en círculo e incluir a tantos jugadores como desee.

La resolución de problemas y el futuro de su bebé

Para muchos de nosotros, la palabra *problema* nos trae a la mente imágenes desagradables (trabajo que hacer, asuntos preocupantes que resolver, prioridades que atender). Como hemos intentado explicar en este capítulo, ésa no es la actitud con la que emprendemos la vida. Uno de los mensajes más importantes es que la resolución de problemas sencillos, como los que aparecen en nuestros consejos, es realmente *divertida* para los bebés. La sensación de hacer frente a un reto es satisfactoria a cualquier edad, y si proporciona a su hijo experiencias de éxito en los primeros días de su vida, hay más probabilidades de que retenga una actitud positiva a medida que crezca. Y teniendo en cuenta la medida en que la resolución de problemas se extiende en todos los aspectos de la escolarización formal, desde la aritmética a la zoología, es indudable que un niño que disfrute comprendiendo cosas será un estudiante mejor y más feliz.

4

Memoria 101: los fundamentos del aprendizaje

Hallada una sorprendente capacidad de memoria para los detalles en bebés de tres meses

Minneapolis, Minnesota. La habitación del niño ya está empapelada, la cuna con las mantas a juego en su sitio y la oveja de peluche que canta «Duérmete niño» está esperando a ser abrazada. Es decir: todo está preparado para el gran día en que el bebé de los Quinn llegue a casa del hospital. Aunque, en realidad, ¿para quién es esta decoración? ¿Le importará realmente al bebé estar rodeado de escenas de cuentos mágicos o de canciones infantiles? ¿Se llegará a dar cuenta? Sabemos que a los niños de cualquier edad les gusta mirar los objetos que se les colocan delante, pero ¿y qué hay de la decoración de su entorno? ¿Se llegan a dar cuenta de los ambientes más amplios en los que pasan sus días? «¡Probablemente no!» es la respuesta que dan la mayoría de padres. Incluso mientras continúan empapelando las paredes.

¡Sorpresa! ¡Sorpresa! Ahora sabemos de hecho que el bebé Quinn no es precisamente ajeno a lo que le rodea, al menos cuando tiene tres meses. De igual manera que los adultos suelen recordar pasajes enteros cuando rememoran acontecimientos, parece ser que los bebés también lo hacen. El mérito de este descubrimiento se debe a Carolyn Rovee-Collier y a sus colegas de la Universidad Rutgers. Dieron con esta información durante un experimento en el que ataban jueguetes móviles a bebés de tres meses (con una cinta unían el móvil a la pierna) para ver si los bebés de esta edad podían aprender a mover el móvil de una patada. En pocos minutos, los bebés estaban armando un escándalo. No sólo eso, sino que cuando Rovee-Collier continuó con el experimento semanas después, todavía sabían qué tenían que hacer. No lo habían olvidado, eso sí, siempre que todo lo que les rodeara hubiera permanecido igual. Pero si cambiaba una sola cosa (por ejemplo, la ropa de la cuna o el olor de la habitación), puede apostar a que lo olvidaban ¡aunque sólo hubiera transcurrido un día! Por tanto, lejos de olvidar lo que le envuelve, existen muchas posibilidades de que el bebé Quinn esté percibiendo el papel de la pared de su dormitorio, así como las cosas importantes que ocurren allí. Así que, aunque puede que él no tenga una opinión acerca de la elección que sus padres han hecho del papel de conejitos en vez del de veleros para adornar las paredes, no cabe duda de que está dándose cuenta del decorado.

Memoria 101

Tal como indica la historia de las «Últimas noticias», los bebés tienen realmente la capacidad de recordar cosas. Y eso también es bueno. Si no pudieran beneficiarse de algún modo de la experiencia (es decir, aprendiendo), los bebés no podrían saber nunca cómo llevarse los pulgares a la boca o cómo reconocer a su padre y su madre, y mucho menos aprender a caminar, a hablar o a decir el abecedario.

Si lo piensa, la memoria es realmente el pilar básico de *todo* aprendizaje. Esto es cierto desde el día en que nacemos hasta el día en que morimos. Desde luego, la memoria juega un papel especialmente importante durante los años de colegio. Al fin y al cabo, el objetivo del colegio es introducir la máxima información útil en la memoria de un niño mientras podamos. Por memoria no sólo nos referimos a hechos y cifras. También se necesita la memoria para abordar un problema de la manera más eficaz, para montar todas las piezas de un argumento lógico, y para aplicar viejas enseñanzas a situaciones nuevas. Sólo piense en lo siguiente: ¿Cuántas posibilidades tiene de resolver el área de un círculo si no puede recordar cómo se realiza una multiplicación? O ¿cuántas posibilidades tiene de tocar «El vuelo del moscardón» con el violín si no puede recordar qué pulsaciones producen cuáles notas? ¡No demasiadas!

Lo esencial es que la capacidad para retener información en la memoria es un elemento clave para cualquier tipo de logro. Aunque la pregunta aún sigue ahí: ¿tienen algo que ver las habilidades memorísticas que se tienen a una edad temprana con las habilidades memorísticas que se tienen a una edad más adulta? Las pruebas más recientes indican firmemente que la respuesta es sí. Investigadores como Joe Fagan, de la Universidad Case Western y Susan Rose, del Instituto de Medicina Albert Einstein, están averiguando que los chicos que obtienen mejores resultados en pruebas de memoria cuando son bebés, tienden a puntuar más alto en los tests tradicionales de coeficiente de inteligencia a los dos, a los tres e incluso a los seis años de edad.

Medir la memoria

Saber cómo medir las habilidades memorísticas de los bebés es un logro en toda regla. Después de todo, los bebés tienen fama de ser malos en preguntas del tipo «rellene los espacios en blanco». A continuación, le presentamos una estrategia conocida. Los bebés miran una foto (por ejemplo, una cara) por espacio de cuarenta segundos. Entonces, después de una breve pausa, aparecen dos imágenes en la pantalla: la que ya conocen justo al lado de la otra que nunca han visto antes. La idea es aprovecharse del hecho de que los bebés, como todos los humanos a cualquier edad, se cansan pronto de mirar lo mismo (si es que recuerdan que se trata de lo mismo). Si

Una de las maneras de mostrar que los bebés tienen memoria requiere que éstos se familiaricen con una foto, tal como se observa en la ilustración superior. El siguiente paso es poner una foto nueva justo al lado, como en la siguiente ilustración. Los bebés, como todos nosotros, generalmente prefieren mirar algo nuevo. Se supone que el recuerdo de la primera foto es mejor, en la medida en que muestra con mayor fuerza su preferencia por la foto nueva.

se nos da la posibilidad de escoger, exploramos antes cosas nuevas y diferentes. En este caso, todo lo que tienen que hacer los investigadores es medir la cantidad de tiempo que el bebé pasa mirando la cara nueva. Se supone que la memoria del bebé es más eficaz en la medida en que muestra con mayor fuerza su preferencia por la foto nueva en lugar de por la que ya conocía. No es una medida perfecta en absoluto, aunque sí muy inteligente.

Todavía debe estar preguntándose cómo es que el tiempo que un bebé pasa mirando una foto puede determinar el coeficiente intelectual que tendrá años después. No deja de tener lógica si observa detenidamente lo que tienen que hacer los bebés para darse cuenta de que esa cara es simplemente «la misma de antes». La mitad del esfuerzo llega cuando ven la cara por primera vez. Recuerde que los bebés tienen menos de un minuto antes de que desaparezca la foto. No sólo es importante que los bebés realmente presten atención, centrándose en aquellos detalles que hacen única esa cara, sino que además tienen que registrar esos detalles en su cerebro de tal modo que queden conservados allí. La segunda parte de la batalla llega cuando la primera cara aparece al lado de la nueva. Ahora el reto está en comparar las dos caras: tanto entre sí, como con la información que han almacenado en su memoria. Cuanto mejor sea el trabajo realizado por los bebés en cada uno de estos retos individuales, más rápidamente rechazarán la foto conocida en favor de la nueva. En lo referente a asociar todo esto al coeficiente intelectual a la edad de seis años, hay más opiniones favorables. Wolfgang Schneider y David Bjorklund, dos máximos expertos en el desarrollo de la memoria, llegan a la misma conclusión: «Cada uno de estos procesos tiene una importancia fundamental para la memoria en la infancia posterior, así como para la mayor parte del funcionamiento intelectual».

¿Qué más puede recordar el bebé Quinn?

Si cree que recordar el papel de la pared es digno de admiración, piense qué otras cosas son capaces de hacer los bebés, incluso antes de tener tres meses. Probablemente los hallazgos más asombrosos hasta la fecha vengan del laboratorio de Anthony DeCasper de la Universidad de Carolina del Norte en Greensboro. En un fascinante experimento (que debe recordar porque aparece en el relato de «Últimas noticias» de nuestra Introducción), DeCasper y su colega Melody Spence hicieron que unas madres leyeran en voz alta el famoso cuento del Dr. Seuss *El gato ensombrerado* a sus hijos, dos veces al día durante seis semanas. Unos cuantos días después de la última lectura, a estos niños se les dio la opción de escoger entre escuchar fragmentos de *El gato ensombrerado* o fragmentos de una historia infantil diferente. Los investigadores vieron que estos niños daban su equivalente a una ovación a *El gato ensombrerado*. ¿La conclusión de DeCasper? Los niños habían recordado la historia que habían oído durante esas seis semanas (al menos lo suficiente como para reconocerla cuando la escucharan de nuevo). A primera vista, estos resultados no parecen demasiado emocionantes. Hasta que se tiene en cuenta *cuándo* tuvieron lugar las sesiones de lectura. Resulta que las madres que colaboraron con DeCasper estuvieron leyendo *El gato ensombrerado* ¡durante el mes y medio anterior al nacimiento de los bebés!

Los bebés no sólo recuerdan lo que ven; también recuerdan lo que oyen (incluso a quien está hablando). A veces hasta es una sorpresa: ¡¿Es esa la abuela de verdad?!

Un dulce comentario al margen del estudio de DeCasper es el hecho de que los bebés de dos días cuya memoria estaba probando también mostraban preferencia por la voz de su madre por encima de la voz de una mujer desconocida. En otras palabras, en algún lugar de sus pequeñísimos cerebros de bebé, ya habían creado una representación de la voz individual de sus madres lo suficientemente precisa como para reconocerla como familiar. Si tiene en cuenta la cantidad de tiempo que los recién nacidos pasan durmiendo durante esos primeros días, este logro parece especialmente extraordinario. Tal como ocurría en el caso de *El gato ensombrerado*, probablemente los bebés se estaban beneficiando de haber oído la voz de sus madres antes de nacer.

Pero ¿cómo pueden hacer esto? ¿No suenan muy diferentes las voces en el entorno prenatal? Sí, pero no del todo. Tendemos a pensar en las voces en términos de sus cualidades tonales y de su timbre. Desde luego que los bebés se fijan en estas importantes características cuando han nacido, pero esas cualidades no son apreciables antes de nacer. Los latidos del corazón de sus madres y los gruñidos del estómago (por citar algunos de los sonidos que retumban alrededor del bebé) hacen que la matriz sea, de hecho, un lugar *muy* ruidoso. Así pues, ¿qué es lo que recuerdan exactamente los bebés sobre las voces y los cuentos? Las cualidades que deben recordar con mayor probabilidad son el ritmo y la modulación (la variabilidad cantarina del ritmo y el tono que permanece reconocible incluso cuando se ralentiza o se acelera el sonido de una cinta). Sea cual sea el fundamento, este «recuerdo» primitivo es, por supuesto, una herramienta maravillosa para hacer que las mamás se sientan especiales desde el primer momento.

«¿Dónde he visto esa cara antes?»

Todas las sorprendentes proezas relacionadas con la memoria que hemos descrito hasta ahora tienen algo importante en común. En cada caso, el talento del bebé radica en ser capaz de *reconocer* algo que haya visto u oído con anterioridad. Lo que el pequeño Quinn está haciendo es similar a lo que usted y yo hacemos cuando encontramos a alguien cuya cara nos resulta familiar. Aunque sabemos sobradamente que recordar que hemos visto una cara antes no es lo mismo que poder recordar exactamente dónde o cuándo la hemos visto (o cómo se llama esa persona). Estas tareas necesitan algo que los investigadores denominan *memoria de recuerdo*. Este tipo de recuerdo consiste en recuperar un recuerdo específico desde las profundidades del cerebro y devolverlo a la conciencia («Esa es la Sra. Siegler, de la librería»), y no sólo reconocerlo vagamente como algo familiar, que es lo que los investigadores llaman *memoria de reconocimiento*.

Así que, aunque la memoria del bebé Quinn de tres meses esté mejor desarrollada de lo que la mayoría de nosotros nunca hubiéramos podido sospechar, aún quedan por ver más proezas impresionantes relacionadas con la memoria de recuerdo. Las veremos en un momento. Primero, aquí tiene una serie de ideas que le ayudarán a aprovechar el reconocimiento de las habilidades memorísticas que los bebés traen consigo cuando nacen.

Consejos para padres

• A PARTIR DEL NACIMIENTO

Ahora que sabe que la memoria de su bebé está activa desde los primeros días, resulta incluso más fácil sentirse bien ante el extraordinario tiempo y esfuerzo que le supone hacer que la vida de su bebé sea cómoda e interesante. Desde el día en que lleva a su bebé a casa desde el hospital, usted puede empezar a abrirle puertas al aprendizaje. Ponga un móvil sobre su cama. Llévele con usted en sus viajes a la tienda de comestibles. Sitúe su cochecito de modo que tenga una visión amplia de los niños que juegan en el parque. Inclúyalo en la mesa a la hora de la comida colocando su sillita infantil en la mesa de modo que mire a otros miembros de la familia. El simple hecho de que su bebé no pueda hablarle de estas experiencias no quiere decir que estos aspectos destacados no estén siendo registrados. Debido quizá a que los humanos tienen tanto que aprender durante su vida, los bebés vienen a este mundo equipados como si fueran esponjas para empaparse de información sobre lo que ven, lo que oyen y lo que hacen.

• A PARTIR DE 6 MESES

¿Ha notado alguna vez cuántos hábitos ha adoptado cuando se trata de establecer los lugares de su bebé? Por ejemplo, es bastante probable que usted, de forma rutinaria, acueste a su hijo con la cabeza en un extremo de la cuna y mantenga la trona en el mismo lugar de la cocina. ¿Por qué? ¡Quién sabe! Pero lo que sí sabemos es que, como resultado, su hijo espera ver unas cosas concretas cuando gire la cabeza hacia la derecha (como la puerta) y otras cosas diferentes cuando gire la cabeza hacia la izquierda (como la ventana). Esas relaciones espaciales están bien establecidas en su memoria sobre la base de que las cosas suceden en un lugar determinado y no hay nada malo en ello. De hecho, esa previsibilidad resulta reconfortante a cualquier edad. Sin embargo, ¿por qué no altera de vez en cuando un poco las cosas cambiándolas de posición? Retando a su bebé a que se replantee sus recuerdos espaciales, usted le proporciona «alimento para el pensamiento» y le ayuda a hacer más ricos y más complejos los recuerdos sobre el espacio que le rodea.

• A PARTIR DE 12 MESES

¿Cuántas veces puede una persona leer un libro de cuentos sin volverse loca? Todo depende de su edad. Si usted tiene más de cinco años, tantas veces como dedos hay en una mano. Pero si usted tiene menos de cinco, y en particular si tiene menos de tres, entonces todo es posible. O así les parece a los agotados padres, a los que se puede escuchar suplicar a sus hijos a la hora de dormir: «¿Otra vez quieres "Los tres cerditos"? ¡Pero si ya van catorce noches seguidas!». Y también esas ocasiones que se dan normalmente cuando los padres tienen más sueño que su público e intentan astutamente acortar el cuento tan sólo un poquito: «... ¡y entonces el Gran Lobo Feroz corrió a la casa de paja y la echó abajo de un soplido!». Probablemente puede adivinar el resultado. La mayoría de veces se elevará una voz triste en protesta: «¡No, papi! Di ¡Soplé, soplé, y la casa derribé!"». ¿Qué tiene que hacer un padre en esa situación? La respuesta es simple: resista. ¿Por qué? Porque en realidad leer el mismo cuento una y otra vez es bueno para los niños. Aunque a usted le parezca una forma imaginativa de abuso paterno, realmente su hijo está aguardando con entusiasmo otra lección de desarrollo memorístico. Los niños de entre uno y tres años están programados para esforzarse en obtener todo tipo de información y almacenarla en la memoria a largo plazo, tanto si es el argumento de un cuento, las palabras de una de sus canciones infantiles preferidas o el orden del proceso de tomar un baño. A los niños les encanta el reto y disfrutan mucho con su éxito cuando aciertan. Si les lee el mismo cuento más de una vez, usted les está ofreciendo más posibilidades de que se aprendan el «guión». Y tal como aprendió el padre que leía «Los tres cerditos», muy pronto su hijo será capaz de llenar los huecos tan bien como usted, o incluso mejor. Después de todo, usted ha de admitir que el Gran Lobo Feroz en realidad decía: «Soplé, soplé, y la casa derribé». Así que, a partir de ahora, abra ese libro que conoce tan bien con verdadero entusiasmo en vez de con resignación y preste atención a lo mucho que aprende su hijo cada vez que lo hace.

¡ÚLTIMAS NOTICIAS!

Los científicos descubren asombrados que los niños recuerdan las cosas más impensables

Amherst, Massachusets. «¿Quién ha apagado la luz?» sería la pregunta más natural si de repente se encontrara sentada en la más negra de las oscuridades. Sin embargo, aparentemente no era eso lo que pasaba por la mente de Miriam, de dos años y medio, cuando las luces se fueron durante su visita al laboratorio de psicología de la Universidad de Massachusets. En lugar de preguntar, llorar o incluso buscar a su mamá, Miriam estiró los brazos hacia delante con seguridad como si al menos esperara encontrar algo interesante más allá de las puntas de sus dedos.

Ahora, ¿cómo es que, sin que hubiera ningún objeto visible con las luces encendidas, ella esperaba encontrar un objeto cuando todo estaba oscuro? No parece tener sentido, hasta que usted se entera de que éste era el segundo encuentro de Miriam con esta sala oscura en concreto. Junto a otros niños, Miriam realizó una visita anterior al laboratorio para participar en un estudio sobre capacidad auditiva dirigido por Eve Perris, Nancy Myers y Rachel Clifton. Durante esa visita la labor de Miriam consistía en alcanzar un juguete que estaba haciendo ruido. Cuando las luces estaban encendidas, ella podía guiarse tanto con sus ojos como con sus oídos. Pero cuando de repente se apagaban las luces, todo el esfuerzo recaía en sus oídos. A pesar de la oscuridad, Miriam y sus compañeros no tuvieron ningún problema en encontrar el juguete. Se bastaron con sus oídos para resolver la tarea sin ningún problema.

Pero ahora saltemos hacia delante de nuevo hasta la visita actual de Miriam. Teniendo en cuenta estas experiencias anteriores en la habitación oscura, claro que tiene sentido que Miriam esperara encontrar un objeto allí en la oscuridad. Después de todo, usted y yo probablemente recordaríamos un acontecimiento sobresaliente como el que experimentaron estos niños. De hecho, la fácil aceptación de la repentina oscuridad y su determinación por alcanzar algo en esta ocasión apenas tiene nada de excepcional. Hasta que se da cuenta de que el acontecimiento que Miriam está recordando tuvo lugar dos años atrás, ¡cuando ella tan sólo contaba con seis meses y medio de edad!

«Eso me recuerda que...»

Cuando Eve Perris y sus colegas informaron por primera vez del estudio con Miriam y los demás niños, muchos psicólogos del desarrollo se quedaron asombrados. ¿Cómo es posible que los bebés (quienes aún no habían aprendido a hablar) pudieran recordar algo que ocurrió dos años atrás, cuando usted y yo apenas podemos recordar dónde pusimos las llaves anoche? ¿No es sensacional? Pero desde que este informe se dio a conocer, en 1992, ha habido un frenesí de actividad que confirmaba el éxito de su descubrimiento básico: los niños menores de un año pueden recordar acontecimientos durante períodos de tiempo sorprendentemente largos. Además, los tipos de cosas que recuerdan parecen ir más allá del mero reconocimiento de algo familiar. En su lugar, sus logros memorísticos se aproximan más a la categoría de memoria que describimos antes como memoria de recuerdo. Puede que «recuerde» el ejemplo que utilizamos: es la diferencia entre ver una cara y reconocer que la ha visto antes en alguna otra parte, y ver la misma cara y recordar exactamente dónde la vio.

Por lo que sabemos hasta ahora, la memoria de recuerdo en el caso de los bebés casi siempre se origina en algún tipo de experiencia o señal, como la sala del laboratorio y la repentina oscuridad en el caso de Miriam. Aquí tenemos otro ejemplo que proviene, esta vez, del exterior del laboratorio. Cuando nuestra editora, Toni, habló por primera vez con nosotros sobre este capítulo, nos explicó una experiencia con su propio hijo, Jonathan. Cuando Jonathan tenía sólo dos años, la familia visitó por segunda vez un complejo de vacaciones en las montañas. Poco después de su llegada, Jonathan empezó a decir insistentemente: «¡Columpio! ¡Columpio!». Toni miró alrededor en busca de un columpio, pensando que su hijo debía haber visto uno que ella no podía ver. No hubo suerte. No pudo ver ningún columpio en ninguna parte. Sin embargo, el enigma se resolvió cuando Toni recordó que había habido un columpio en el césped en su primera visita. Ver el complejo de vacaciones había hecho que la memoria de Jonathan se disparase de vuelta a la diversión que había tenido con el columpio la última vez. ¿Y cuándo ocurrió eso? Doce meses atrás, cuando apenas tenía un año y antes de que supiera hablar.

El hecho de que encontrar una parte de una experiencia ayude a recordar el resto no debería ser una sorpresa. Si lo piensa, también es cierto normalmente para usted y para mí. Si llega al parque natural al que iba de pequeño, recordará de repente cómo le perseguía un oso. Sitúese a la entrada de su escuela de primaria, y el recuerdo de haber puesto una rana en la mochila de su mejor amigo regresará con todo su esplendor. Así es cómo funciona la memoria, independientemente de la edad que usted tenga.

¿Qué más podría estar recordando Miriam?

Sumirse en una oscuridad total parece realmente memorable, y el recuerdo de pasarlo especialmente bien en un columpio bien podría merecer ser almacenado a largo plazo. Pero ¿están los bebés limitados a recordar sólo esos acontecimientos excepcionales? Al parecer, no. Cada vez existen más estudios que demuestran que los bebés son también buenos recordando cómo hacer cosas sencillas que han visto hacer a otras personas. Por ejemplo, Pat Bauer, de la Universidad de Minnesota, enseña a los bebés una actividad peculiar para la que necesita algunos objetos pequeños: una actividad que ellos no pensarían hacer solos (como hacer un sombrero de payaso con un cono, con un globo pequeño, con una pegatina o con una cinta para la cabeza). Entonces ella y los objetos desaparecen durante semanas o meses. Cuando vuelve, da, tanto al grupo de bebés que ya conoce el experimento como a un nuevo grupo (quienes no han visto los objetos con anterioridad), la oportunidad de hacer cualquier cosa con la misma colección inusual de piezas. ¿Muestra el primer grupo de bebés una tendencia más fuerte a confeccionar un sombrero de payaso? Sí, ocho meses más tarde. Aunque su primer encuentro con Pat fuera a los trece meses y el segundo, a los veintiuno.

Uno de los motivos por los que investigadores como Pat Bauer tienen que ser tan creativos es que mientras que los niños no saben hablar (como el pequeño Jonathan), normalmente no pueden decirnos directamente lo que recuerdan. Pero ¿y si se les ayuda proporcionándoles un modo de manifestar lo que tienen en sus mentes utilizando algo distinto a las palabras? Eso es exactamente lo que hemos hecho en nuestro laboratorio con bebés de quince meses. Durante una visita a nuestro cuarto de juegos en la Universidad de California, estos bebés tuvieron la oportunidad de interactuar con Mickey, un ratón de verdad que vivía en una casa llena de colorido. En los días siguientes a la visita, sus madres les enseñaron algunos gestos sencillos (llamados signos del bebé) que podían utilizar como sustitutos de unas pocas palabras que eran demasiado difíciles para que ellos las pronunciaran. Por ejemplo: darse un ligero golpecito en la nariz quería decir «ratón». Los bebés volvieron al cuarto de juegos dos meses después. Sin embargo, esta vez, no se veía a Mickey por ningún lado. ¿Se dieron cuenta los bebés del cambio? En otras palabras, ¿recordaban que Mickey había estado allí dos meses antes? Una buena parte de ellos lo recordó claramente. Con los ojos bien abiertos y las cejas arqueadas, los niños se dirigían a sus madres y se daban golpecitos suaves en la nariz. ¿Traducción? «¿Dónde está Mickey?»

Aparte de enseñarle a su hijo signos del bebé (ver capítulo 5), ¿qué más puede hacer para estimular su capacidad de recordar experiencias? Aquí tiene más trucos al respecto.

Consejos para padres

• A PARTIR DEL NACIMIENTO

Tenemos que aprender una lección de la reacción de Miriam tras su segunda experiencia con la oscuridad. Como ella recordaba algo positivo de la primera experiencia (encontrar y jugar con juguetes), mostraba más bien *interés* que *temor* cuando las luces se apagaron dos años atrás. Es decir, si proporciona muchas y variadas experiencias incluso a niños muy pequeños, los padres les pueden ayudar a que se sientan cómodos en una gran variedad de circunstancias futuras. Llevar a un bebé a diferentes lugares con diferentes vistas, olores y sonidos es una manera fácil de establecer sentimientos de familiaridad. Y en lo referente a los bebés, la familiaridad provoca bienestar en vez de rechazo. Incluso para bebés muy pequeños, el olor de la playa puede devolver vagos recuerdos de diversión pasada en la arena. El sonido de la lluvia sobre el tejado puede evocar recuerdos de unas vacaciones familiares en el bosque. ¿Conclusión? Cuantas más experiencias positivas haya experimentado el niño en el pasado, mayor es la probabilidad de que esté abierto a nuevas experiencias en el futuro. Son las nuevas experiencias las que dan «alimento para el pensamiento» en el que se fundamenta el crecimiento de las mentes en desarrollo.

Los bebés recuerdan experiencias concretas durante mucho más tiempo del que piensan la mayoría de padres. Todas esas divertidas excursiones durante los primeros tres años (como el viaje de Jordan al zoo con su padre) ayudan a los niños a sentirse cómodos en una amplia variedad de entornos futuros.

• A PARTIR DE 9 MESES

En la búsqueda de ocasiones especiales en la vida de su hijo, no pase por alto el valor de los acontecimientos sencillos y cotidianos. Utilícelos para establecer rutinas. Repitiendo actividades en el mismo orden, permitirá que su hijo empiece a predecir qué será lo próximo en suceder. Muy pronto, simplemente con encontrar una pequeña pieza de las que se utilizan en esa actividad, se desencadenará todo el proceso y se habrá hecho una importante contribución a la memoria a largo plazo. ¿De qué tipo de rutinas estamos hablando? Seguro que los rituales concretos a la hora de irse a la cama o de bañarse son ejemplos con los que la mayoría de familias pueden identificarse. Las investigaciones llevadas a cabo por Katherine Nelson y sus estudiantes en la Universidad de la Ciudad de Nueva York han destacado otras rutinas que los adultos pasan por alto pero que, de hecho, constituyen importantes lecciones memorísticas para los niños. Por ejemplo, una visita a un McDonald's es bastante fácil de predecir: nos desplazamos en el coche, abrimos la puerta, vamos al mostrador, compramos la comida, y así siempre. Y también lo es pasar las mañanas en la guardería o cenar por las noches junto a la familia. Narre estos hechos tal como lo haría con su libro favorito de cuentos, y muy pronto su hijo estará «girando las páginas» en su propia mente.

El pequeño Adam está aprendiendo los pasos necesarios para hacer galletas. Enrollar la masa, por ejemplo, va antes que cortar las formas con el molde. Los bebés disfrutan esas secuencias predecibles, que los investigadores llaman «guión», porque dan la oportunidad práctica de recordar cosas.

• A PARTIR DE 12 MESES

Todos los padres que tienen cámara de vídeo graban de forma rutinaria los acontecimientos importantes (como fiestas de cumpleaños, visitas al zoo y similares). Muy a menudo estas cintas acaban guardadas en algún sitio, como una grabación imborrable que se disfrutará en años venideros. El objetivo es conservar al menos un poco de esa maravillosa sensación que experimentamos cuando nuestros hijos dieron sus primeros pasos o comieron su primer helado de nata. Ese es un objetivo importante, sin duda. Sin embargo, muy pocos padres aprovechan estas cintas de vídeo para ayudar a sus hijos a construir y mantener sus propios re-

Muchos padres graban a sus hijos, pero pocos se dan cuenta del valor que estos vídeos pueden tener para que los niños recuerden hechos de sus vidas. Y si estos vídeos gustan a los niños, también son muy divertidos para los padres, como Aidan y su madre dejan claro.

cuerdos del pasado. En lugar de limitarse a grabar y guardar estas cintas, sáquelas con regularidad y véalas con su niño. Narre los acontecimientos, haga preguntas y comparta la alegría que experimenta cuando ve algo realmente fantástico que recuerda lo que su niño hacía. En realidad, revivir experiencias como éstas ayuda a que los bebés conserven los recuerdos. Lo que esos recordatorios hacen es despertar fragmentos de la memoria, que a su vez despiertan otros fragmentos. Al final todos llegan a estar agrupados en una línea argumental cohesionada que resulta cada vez más fácil de recordar. Además de esto, existe el valor puramente de entretenimiento. A los bebés de cualquier edad les encanta observar a otros bebés, así que incluso antes de que su hijo se reconozca en la pantalla, el «programa» tendrá un buen índice de audiencia. Y cuanto más vea el bebé esos vídeos, llenos de gentes y lugares que reconoce, mayores son las probabilidades de que empiece a tomar conciencia de su persona. «¿Quién sale ahí? ¡Soy yo!»

Como deja claro este último consejo, la conciencia de uno mismo es la piedra angular de lo que llamamos *memoria autobiográfica* (recordar la historia de la vida propia). Pero como verá en el siguiente apartado de «Últimas noticias», no es el único ingrediente en absoluto.

¡ÚLTIMAS NOTICIAS!

Pensar en el pasado, presente y futuro es
un juego infantil también para los padres

Brooklyn, Nueva York. Unámonos a Anthony, de ocho años, y a su madre mientras miran la puesta de sol desde el porche trasero de su casa. Los dos parecen estar completamente absortos en ese momento hasta que Anthony, de repente, dice lo siguiente: «Mami, ¿te acuerdas cuando yo era un bebé y me llevaste al museo en mi cochecito y vimos todas aquellas estupendas cestas que habían hecho los indios? Aprendí un montón».

Es posible que en este momento esté sonriendo con cara de bobo y diciéndose a sí mismo: «Sí... y los elefantes vuelan». Probablemente no necesita que los investigadores le digan que esas expresiones de gratitud por parte de sus hijos respecto a los esfuerzos que usted realiza para educarlos son casi inexistentes. La verdad es que los padres obran por fe, suponiendo que esas visitas al museo, al zoo y el tiempo que pasan leyendo cuentos en la biblioteca de algún modo están produciendo una impresión positiva en las mentes de sus hijos tan pequeños. La buena noticia es que efectivamente lo están consiguiendo. No hay ninguna duda al respecto. Los niños se benefician (o sufren) con todas sus experiencias. Aprenden las diferencias entre cestas y boles, jirafas y cebras, y entre la hora de los cuentos y la hora de merendar. Incluso quizá lo más importante: aprenden que a su madre y su padre les gusta pasar tiempo con ellos y que son, la mayoría de veces, fuentes de alegría más que de tristeza.

Sin embargo, lo que los niños no parecen ser capaces de hacer es reflexionar sobre las historias vividas, trayendo a la mente acontecimientos concretos memorables de sus primeros tres o cuatro años de vida. Por eso la nostalgia que sintió Anthony por su visita al museo cuando era un bebé no suena verdadera. Este mismo vacío en la memoria se le puede aplicar también a usted. Su madre puede recordar los detalles del día en que el perro del vecino le mordió cuando usted tenía dieciocho meses, pero usted seguro que no. Los científicos han discutido durante años sobre el misterio de los recuerdos que se pierden y que no vuelven a aparecer sin llegar a una explicación convincente. Eso ha sido hasta ahora. Por primera vez parece haber un consenso que justifique todo ello: así como aprendemos el modo de sujetar una cuchara o montar en bicicleta, parece que también hemos de aprender el modo de recordar. ¿Y quiénes son nuestros profesores? Los buenos de los padres. No sólo guían nuestra cuchara o nos sujetan la bici: las nuevas investigaciones indican que ellos también nos guían en el arte de recordar nuestras vidas.

Los recuerdos están formados de esto

Como mencionamos en las «Últimas noticias», el hecho de que recordemos pocos o incluso ninguno de los acontecimientos específicos de nuestros primeros años de vida siempre ha fascinado a los psicólogos. El fenómeno incluso tiene nombre, *amnesia infantil*. Por término medio, las personas afirman que los primeros hechos de los que guardan recuerdo sucedieron cuando ellos tenían aproximadamente tres años y medio, y que no tienen ningún recuerdo fiable de antes de los dos años. Esos recuerdos precoces, aunque existen, son poco coherentes. En muy raras ocasiones tienen los principios, desarrollos y finales que con toda seguridad existen en nuestros recuerdos posteriores, y que nuestros padres parecen tener al alcance de la mano. («¿Te acuerdas de cuando Gretchen devolvió en la boda de la prima Cindy? Bueno, todo comenzó con el ponche de frutas...»)

Aunque la amnesia infantil resulta sencilla de describir, está comprobado que resulta tremendamente difícil de explicar. Sigmund Freud fue uno de los primeros en intentarlo. Estaba tan impresionado por la existencia de ese «agujero» en nuestras historias personales que utilizó el fenómeno para afirmar que todos tenemos secretos oscuros y profundos originados en nuestros días de niñez, secretos que no queremos admitir ni reconocer. Estos recuerdos son tan dolorosos e incómodos que nosotros los «reprimimos» de una forma activa para resguardar a nuestra conciencia y evitar que tenga que revivir experiencias perturbadoras. Desde luego, eso no explica el hecho de que, cuando tenemos unos siete años de edad, podemos recordar intensamente experiencias realmente horribles, como enterarnos de que nuestra mascota ha muerto o que nos extraigan las amígdalas. Pero en su día Freud no se sintió preocupado por estas contradicciones. Probablemente las «reprimió».

La siguiente hipótesis que se presentaba era realmente sencilla: los niños de menos de cinco o seis años simplemente no tienen el cerebro preparado. En otras palabras, es posible que ellos no puedan registrar los recuerdos hasta que alguna parte no especificada de las que componen las «placas de circuitos» neuronales no está lo suficientemente desarrollada. Y, según prosigue la historia, eso no sucede hasta que llegamos a los cuatro o cinco años de edad. En este momento, ya debería resultar obvio para usted un problema que presenta esta teoría. De hecho, los bebés *sí* que recuerdan cosas. Y, lo que es más, ellos parecen ser capaces de conservar es-

Spencer se lo pasó muy bien en su primer cumpleaños. De hecho, resultó realmente memorable. Entonces, ¿por qué es tan improbable que *recuerde* el acontecimiento durante su vida posterior? Las últimas investigaciones han arrojado finalmente algo de luz sobre el misterio que los científicos conocen como *amnesia infantil*.

tos recuerdos durante un período de tiempo bastante sorprendente (dos años en el caso de la experiencia de la pequeña Miriam con la habitación oscura (ver página 85).

Todos nosotros experimentamos un período de amnesia infantil. A pesar de mantenerlos grabados en algún lugar de nuestro cerebro durante períodos sorprendentes de tiempo, parece ser que, de forma intencionada, no podemos hacer volver a la mayoría de esos recuerdos a la conciencia en los años posteriores. Por ejemplo, aunque Miriam, de dos años de edad, recuerda lo suficiente de su experiencia precoz como para alargar la mano con confianza en la oscuridad, no es probable que saque el tema a colación cuando tenga doce años y haya un apagón durante una tormenta. Estos recuerdos precoces, aunque persistan durante un cierto tiempo, no lo hacen dentro de nuestra base de datos «autobiográfica».

Así pues, a pesar de los interesantes informes sobre niños que recuerdan cosas, el misterio de la amnesia infantil no se ha resuelto hasta hace poco tiempo. La respuesta más convincente hasta la fecha nos ha llegado a través del amplio y exhaustivo estudio llevado a cabo por Katherine Nelson, de la Universidad de la Ciudad de Nueva York, y dos de sus antiguos alumnos, Judy Hudson y Robin Fivush. Trabajando de forma independiente, cada uno de ellos ha escrito su parte del argumento, un argumento lo suficientemente completo ahora como para describir la intriga oculta. ¿Cuáles fueron sus conclusiones? La receta para la memoria autobiográfica (es decir, recordar acontecimientos de la vida propia) tiene dos ingredientes clave: el lenguaje y los padres. La historia comienza *muy* atrás en el tiempo y dice así:

• Acto I: En el principio había jabalíes salvajes

Primero de todo, es importante darse cuenta de que nuestra capacidad de recordar no ha evolucionado sólo para poder entretener a los demás alrededor de la mesa a la hora de cenar. Recordar el pasado nos sirve para predecir el futuro, ayudándonos de ese modo a evitar cometer errores estúpidos que podrían matarnos a nosotros y a nuestra descendencia. En otras palabras, recordar lo que puede hacerle un jabalí salvaje si se acerca demasiado a él le puede resultar muy útil.

• El argumento (y el cerebro) se hace más denso

Si dentro de unos pocos milenios le pregunta a un niño de tres años sobre los jabalíes, la única respuesta que obtendrá será una mirada en blanco. Pero, como mencionamos anteriormente, si le pregunta sobre McDonald's, usted obtendrá una descripción sorprendentemente precisa de lo que sucede durante la visita típica de una familia. La razón es que, para poder organizar nuestros recuerdos (de cada uno de esos encuentros «jabalíticos») de una manera eficiente, los humanos hemos desarrollado también una fuerte tendencia a agrupar experiencias repetidas en recuerdos «genéricos», en los que el guión básico se mantiene bastante invariable incluso cuando los detalles de cada uno de los episodios individuales se desvanecen. Estos guiones (que describen, por ejemplo, una visita típica a McDonald's) permiten que nuestro cerebro pueda localizar los recuerdos con rapidez cuando los necesitamos. Es como cuando ordenamos la colada poniendo los calcetines en el cajón de los calcetines y las camisas en el armario. Organizar su ropa, del mismo modo que nuestro cerebro organiza los recuerdos, hace que le resulte mucho más sencillo elegir lo que necesita cuando tiene prisa por salir de casa. Pero si una experiencia no se repite, nuestros pequeños y eficientes cerebros imaginan que el esfuerzo de conservar el recuerdo no merece la pena y lo olvidan con toda comodidad.

• Acto III: Llega el lenguaje

Cuando los niños son muy pequeños este sistema automático constituye su única diversión. Pero cuando el lenguaje irrumpe en su vida, de repente el niño tiene una razón completamente nueva para intentar recordar las cosas. A partir de ese momento él se siente motivado para unirse a las conversaciones que se producen a su alrededor. Y cuando comienzan a entender lo que se les dice, escuchan a las personas importantes de su vida hablando del pasado: «¿Recuerdas lo que hemos hecho hoy? ¡Hemos ido al zoo! ¿Y recuerdas qué animales hemos visto?». Y, lo que es más, está claro que esas personas se sienten muy contentas cuando los niños recuerdan por sí mismos. La implicación es clara. Si el niño quiere que las interacciones con esos amigos mayores sean agradables, entonces tendrá que aprender a jugar a su juego de los recuerdos. ¿Y cómo se las arreglan para aprender a jugar? Prestando atención a los

¿Puede entender Carlos, de doce meses, que se está dando un beso a sí mismo? Probablemente no. El sentido de «uno mismo» tarda un tiempo en desarrollarse, pero cuando finalmente lo haga, la habilidad de Carlos para recordar hechos pasados de su vida recibirá un gran impulso.

adultos cuando explican buenas historias. Los adultos enseñan a sus niños los comienzos, los desarrollos y los finales cuando organizan sus propias narraciones de una forma estructurada. «¿Te acuerdas que vimos a los flamencos la primera vez que cruzamos el puente? ¡Y después fuimos a la casa de las serpientes y nos asustamos!»

• Acto IV: Fin

El aspecto fundamental es éste: a medida que un niño aprende el lenguaje, aprende también cómo recordar los acontecimientos de su vida en forma de relato, incrementando de ese modo las posibilidades de que sus recuerdos sobrevivan al paso del tiempo. Y además, cuando un niño aprende a valorar a las personas que hay en su vida, también aprende que las charlas nocturnas sobre las aventuras del día son una manera segura de mantener a las personas mayores interesadas. *Voilà!* En contraste con la mayoría de los otros juegos, al final de este juego, el famoso telón sube en lugar de bajar, señalando el principio del fin de la amnesia infantil.

Lo que más nos gusta de este «argumento» es que proporciona crédito a los padres, no sólo para la ardua tarea de organizar las experiencias memorables, sino también para ayudar a sus niños a que aprendan a recordarlas. Al hablar con su hijo sobre hechos y experiencias que hayan sucedido en el pasado, usted le ayudará a conseguir de forma gradual un sentido de la línea temporal que existe en su vida. Al principio esta línea temporal es bastante tosca: «Eso pasó entonces, esto pasa ahora». Pero finalmente los episodios individuales se pondrán en orden, es decir, que el circo llegará después de la excursión al zoo pero antes de que se cayera por las escaleras y se rascara la rodilla. Y es precisamente este sentido de una historia personal ordenada el que proporciona el marco de trabajo que el niño necesita para comenzar a recordar de forma espontánea los quién, los qué y los dónde de su vida.

La conclusión obvia que se extrae de todo esto es que comprometerse a repetir experiencias pasadas (sean «inmediatas» o no) ayuda realmente a que los niños desarrollen el recuerdo autobiográfico. Aquí tiene algunas sugerencias que le ayudarán a hacer que esos viajes por el camino del recuerdo sean divertidos y también efectivos.

Consejos para padres

• A PARTIR DEL NACIMIENTO

El simple hecho de que su bebé de tres meses no pueda responder a preguntas sobre el pasado no significa que usted no deba sacar el tema a colación. Como subrayaremos en el capítulo cinco, los padres deben hablar con sus bebés acerca de una cosa u otra desde el momento de su nacimiento. Así que, en lugar de limitarse a narrar lo que está ocurriendo en el momento, ¿por qué no recordar también los buenos ratos de los que disfrutaron juntos su hijo y usted en el pasado? ¿Qué mejor manera de facilitarle el rico flujo de palabras que sabemos que los bebés de cualquier edad necesitan para poder aprender el lenguaje? Aunque es posible que usted tenga que representar las dos partes del guión durante casi todo el primer año de vida de su bebé, puede estar seguro de que él le estará escuchando atentamente y que trabajará duro para encargarse de sus líneas del guión tan pronto como le sea posible.

• A PARTIR DE 12 MESES

Sea «detallista» en lugar de «pragmático» cuando haga preguntas a su hijo sobre el pasado. Éstos son los términos que utilizan hoy en día los investigadores para describir dos estilos muy diferentes de hablar con los hijos sobre el pasado. Las madres y los padres detallistas actúan como hemos descrito anteriormente, hablando sobre recuerdos de hechos que tienen una importancia real para sus hijos (aquella excursión al circo, por ejemplo). Por el contrario, las madres y los padres pragmáticos tratan el pasado no como algo de lo que hablar por el simple placer de hacerlo, sino que lo hacen casi exclusivamente como una fuente de información útil para el presente: «¿Dónde has dejado las botas?», «¿Has ido al lavabo?», «¿Por qué no has ido al lavabo cuando has tenido la oportunidad?». Preguntas prácticas como éstas hacen que el niño retroceda en el tiempo, pero con toda certeza no le desafían a que piense en las experiencias del pasado como unidades cohesivas. Por consiguiente, no debería resultar sorprendente el hecho de que existan pruebas obtenidas en las investigaciones que indican que los niños con padres detallistas tienen una ventaja significativa cuando se trata de hablar del pasado.

• A PARTIR DE 18 MESES

Estimule el desarrollo del lenguaje. Como explicamos en el capítulo 5, existe una gran variedad de maneras de hacerlo. Muchos de los momentos dulces de la vida, del mismo modo que los desafíos que ésta nos presenta, necesitan del lenguaje, lo que significa que, inevitablemente, usted tendrá que dedicar una gran cantidad de su tiempo a ayudar a su bebé a descifrar el código del lenguaje hablado. Y una vez que su bebé haya aprendido el lenguaje suficiente para comprender los hechos que usted describa y para responder a las preguntas sobre el pasado que usted le plantee, entonces habrá desarrollado también la mejor herramienta que la Madre Naturaleza (y no la empresa Kodak) haya desarrollado nunca para mantener los recuerdos vivos.

Añada una conversación «contenta y triste» a su ritual de la hora de dormir. Justo antes de intercambiar los últimos besos de buenas noches, abrácense y, por turnos, recuerden cuáles han sido las cosas específicas que han sucedido ese día que les han hecho sentir a cada uno contentos y cuáles les han hecho sentir tristes. Cuando su hijo sea un poco más mayor, añada otras emociones más sutiles, como cuáles les han hecho enloquecer o cuáles les han resultado especialmente divertidas. Linda comenzó este ritual junto a su propia hija, Kate, cuando ésta tenía tan sólo veinticuatro meses, y todavía seguían llevándolo a cabo cuando cumplió doce años. Hablar sobre las emociones de esta manera tiene varias ventajas. No sólo es una manera fantástica de mantener abiertas las líneas de comunicación a medida que la vida de su hijo se vaya volviendo más compleja, sino que los últimos estudios demuestran que meditar de forma específica sobre los aspectos emocionales de las experiencias previas sirve realmente para acelerar el desarrollo del recuerdo autobiográfico. ¿Por qué? Según los últimos estudios de Melissa Welch-Ross, de la Universidad del estado de Georgia, cuando meditamos sobre cómo nos hizo sentir una experiencia (por ejemplo, una visita a la casa de los reptiles del zoo), automáticamente pensamos en nosotros mismos de una forma más profunda que si nos limitamos a recordar conceptos individuales (por ejemplo, que vimos una boa constrictor y una serpiente de cascabel). Y cuanto más piense su hijo en sí mismo, será más probable que desarrolle el sentido de la historia personal que necesita el recuerdo autobiográfico.

Las habilidades de la memoria y el futuro de su hijo

La capacidad de recordar cosas que poseemos los humanos es uno de los talentos más asombrosos que tenemos (y también uno de los más útiles). A diferencia de muchos animales, los bebés humanos no nacen con el comportamiento grabado en sus genes. En lugar de eso, dependen del aprendizaje obtenido de sus experiencias, un aprendizaje que comienza (como demuestran los estudios de DeCasper) ¡incluso antes de que nazcan! Y el aprendizaje, desde luego, depende de la memoria. Uno de nuestros objetivos en este capítulo ha sido alertarle del hecho de que su bebé, como los que fueron objeto de estudio en los laboratorios de investigación que le hemos descrito, registra constantemente información en su cerebro en forma de cambios en esas redes neuronales de las que hemos hablado en el capítulo uno. Nuestro segundo objetivo ha sido convencerle de que al obtener el máximo partido de la capacidad real de recordar de su bebé, usted le está proporcionando el tipo de «ejercicio aeróbico» que le ayudará a lo largo de toda su vida. Y teniendo en cuenta que cada una de las partes de la mente participa en cada uno de los aspectos de la vida, no resulta sorprendente que las capacidades de la memoria durante la infancia sirvan para predecir el coeficiente de inteligencia a los seis años. De acuerdo con lo que sabemos sobre la forma en que se desarrolla el cerebro, lo sorprendente sería que no tuvieran ninguna relación. El aprendizaje es un proceso acumulativo, en el que el nuevo aprendizaje depende del aprendizaje previo. Al sacar provecho de las sencillas actividades que le hemos propuesto en este capítulo (como proporcionar un buen número de experiencias interesantes, hablar del pasado o incluso leer el mismo libro de cuentos una y otra vez), usted estará ayudando a su hijo para que construya una amplia base de conocimiento para el futuro.

5

Los signos del bebé y sus palabras: aprendiendo a hablar

¡ÚLTIMAS NOTICIAS!

Padres asombrados por el lenguaje de los signos de los bebés

Los Ángeles, California. Sam, de trece meses de edad, todavía no habla mucho, ¡pero eso no le impide explicar a sus padres exactamente lo que piensa! Sólo tiene que preguntar a su madre por el viaje que hizo toda la familia a Colorado durante las pasadas vacaciones navideñas. «Sabíamos que los niños se lo habían pasado bien en las pistas de esquí», comenta Julie, «pero no teníamos ni idea de la gran impresión que habían causado en Sam hasta que el avión aterrizó de vuelta en casa, en Los Ángeles. Tras mirar por la ventana, él se giró hacia mí con expresión afligida y preguntó: "¿Dónde está la nieve?". No está mal para un niño de trece meses que en realidad no sabe decir ninguna de esas palabras.»

Espere un minuto. Si Sam no habla, ¿cómo supo Julie qué era lo que estaba pensando? «Es fácil», responde ella. «Él simplemente utilizó dos de sus signos del bebé (poner las palmas de las manos hacia arriba para decir "¿Dónde está?" y balancear los dedos para "nieve").» *Voilà!* Sólo con eso, Sam fue capaz de hacer saber a su madre exactamente lo que estaba pensando cuando miró por la ventana. «De hecho», continúa Julie, «Sam ha estado utilizando signos del bebé como esos para hablar con nosotros desde que tenía diez meses. Hoy en día, debe de tener unos veinticinco como mínimo. Eso significa que hay veinticinco cosas de las que puede «hablar» de las que, de otro modo, sería incapaz de hacerlo. ¡Es increíble!»

Sam no es el único usuario de los signos del bebé de nuestros días. Desde que las investigadoras Linda Acredolo y Susan Goodwyn publicaron su libro *Baby Signs: How to Talk with your Baby before your Baby Can Talk* (Los Signos del Bebé: cómo hablar con su bebé antes de que su bebé sepa hablar), el número de familias que disfrutan de esta forma precoz de comunicación ha aumentado a pasos agigantados. Después de todo, ¿qué padres no querrían saber lo que piensa su bebé? Pero algunos padres intranquilos no pueden evitar preguntarse si estimular el lenguaje no verbal es realmente beneficioso a largo plazo. ¿Es posible que la utilización de los signos del bebé ralentice el proceso del aprendizaje del habla? ¿No debería preocuparle a Julie el hecho de que si Sam puede cubrir sus necesidades con gestos sencillos puede no estar motivado para hacer el esfuerzo de pronunciar finalmente las palabras? «En absoluto», dicen Acredolo y Goodwyn. «De hecho, nuestros dieciséis años de investigación demuestran justamente lo contrario. Utilizando estudios llevados a cabo en laboratorio hemos demostrado que los bebés que utilizan los signos aprenden tanto sobre el lenguaje y disfrutan "conversando" a edades tan precoces que la mayoría acaba aprendiendo a hablar más pronto.»

Lenguaje 101

Puede ser que esos padres intranquilos se hubieran equivocado al preocuparse por que los signos del bebé ralentizaran el desarrollo del lenguaje, pero tenían razón en otro aspecto. Aprender a hablar es un acontecimiento tan importante en la vida de un bebé que la vigilancia por parte de los padres es muy conveniente. Por otro lado, los padres pueden consolarse con el hecho de que los niños están predispuestos genéticamente para el aprendizaje del lenguaje oral. Como prueba, considere el hecho de que no existe ninguna cultura en todo el mundo cuyos niños no aprendan a hablar. Además, no importa nada lo avanzada que sea la tecnología de una sociedad, el lenguaje que aprenderán los niños será tan complejo como cualquier otro. Las reglas gramaticales que aprenden los niños de Borneo, por ejemplo, no son ni más ni menos complicadas que las de los niños de Inglaterra. Pero el hecho de que todos los niños con cuerpos y mentes sanas acaban por aprender a hablar no significa que los padres no tengan influencia sobre el proceso. Por el contrario, el tipo de entorno de lenguaje que los padres proporcionan o dejan de proporcionar tiene una influencia decisiva en el ritmo del aprendizaje del lenguaje. Dicho de forma simplificada, los padres que prestan atención y animan la comunicación finalmente pueden hacer que a sus hijos les resulte más fácil conquistar las complejidades de la expresión.

¿Y por qué es tan importante?

Una pregunta natural en este punto es: si todos los niños finalmente aprenden a hablar, ¿qué importa lo pronto que lo hagan? ¿No se tratará de otro ejemplo de padres competitivos presionando a sus bebés para que eclipsen al bebé de los vecinos? La respuesta es no. De hecho, sí importa lo pronto y la facilidad con la que su hijo aprenda a hablar. El lenguaje es el pasaporte que permitirá a su hijo disfrutar de las experiencias más importantes de la vida, desde jugar con los otros niños hasta aprender de los profesores en la escuela.

Libro

Pájaro

Beber

Perro

A los bebés les gustaría hablar de muchas cosas pero no pueden hacerlo porque elaborar las palabras requiere un control muscular preciso. Al modelar gestos sencillos para representar cosas, los padres permiten que los bebés tengan un papel *activo* en las interacciones y contribuyen a disminuir la frustración.

Hasta la relación entre padre e hijo se altera de una forma muy positiva cuando se convierten en verdaderos compañeros de conversación. Los niveles de frustración disminuyen cuando los niños pueden comunicar finalmente qué es lo que necesitan sin tener que recurrir a los lloros ni a las rabietas. Los padres encuentran más gratificante compartir la información sobre el mundo, y se toman tiempo extra para explicar cosas sobre la vaca en el campo o el bicho de la hierba. Cuando los niños aprenden a hablar también se convierten en mejores profesores para nosotros, para enseñarnos el mundo como *ellos* lo ven. Nos explican historias, nos cantan canciones y nos resumen sus actividades del día. Buscamos sus opiniones y escuchamos sus ideas sobre el funcionamiento del mundo. La ventana que abre el lenguaje en la mente de un niño es una ventana a través de la cual los padres miran totalmente fascinados. «¡Billy dijo ayer una cosa más graciosa!» es una frase inicial que todos hemos escuchado a padres orgullosos. Y cuanto antes aprenda a hablar un niño antes experimentará todos esos otros cambios maravillosos.

El lenguaje también abre el mundo que hay más allá de la familia. ¿Cuándo dejan los bebés de jugar solos y empiezan a jugar con los demás? Cuando hablan. ¿Cuándo empiezan los bebés a disfrutar realmente de las canciones infantiles? Cuando hablan. ¿Cuándo comienzan los bebés a compartir cosas cuando se sientan en círculo? Cuando hablan. En resumen, la capacidad de dominar el lenguaje es tan esencial para la vida de los niños como lo es para la de los adultos.

Resulta obvio que esta apreciación afecta a la escuela, donde la capacidad de seguir instrucciones y de responder preguntas es crucial. Pero las ventajas de ser un buen conversador no se acaban en la puerta de la escuela, también marcan la diferencia en el recreo. Después de todo, seguir direcciones, contestar a preguntas y verbalizar el propio punto de vista constituyen una gran parte del juego del fútbol o del pille-pille, del mismo modo que forman parte de las interacciones con un profesor en una clase. Así que cuando los padres nos preguntan por qué deben estar atentos al desarrollo del lenguaje, siempre señalamos lo siguiente: a cualquier edad, un buen dominio del lenguaje crea confianza en uno mismo y hace que el mundo sea un lugar mucho más interesante en el que estar.

Preparados, listos, ¡esperen!

¿Cuándo se inicia en realidad este maravilloso proceso de aprender a hablar? Al nacer, lo cual resulta bastante sorprendente. Sabemos, por ejemplo, que cuando un recién nacido tiene cuatro días de vida es capaz de distinguir su lengua materna de otras lenguas. También sabemos que la capacidad de emitir «arrullos» aparece aproximadamente a las seis semanas, dando paso a los cuatro meses a secuencias de sonido mucho más elaboradas, a las que llamamos «balbuceos». De hecho, hacia el final de su primer año de vida, los bebés balbucean cadenas de sonidos tan largas y con tanta expresividad que, a todos los efectos, suenan como si los bebés estuvieran hablando en un idioma extranjero.

Pero el acontecimiento más destacado, el que más probablemente quede grabado en el libro del bebé, suele ocurrir alrededor del primer cumpleaños. Por supuesto, estamos hablando de la «primera palabra del bebé». Hemos escogido con mucho cuidado la frase *suele ocurrir*, porque los bebés se diferencian radicalmente en este aspecto, del mismo modo que en la mayoría de los aspectos del desarrollo del lenguaje. El hecho es que cualquier momento entre los diez y los doce meses se considera dentro del período normal en el que ha de producirse este importante acontecimiento.

Sin embargo, lo que resulta muy frustrante tanto para el bebé como para los padres es que, en apariencia, haber aprendido una palabra no hace que sea más fácil aprender otras. Incluso aunque la famosa «bombilla» parezca haberse encendido («¡Ajá! ¡Así que en esto consiste el lenguaje!»), el niño todavía puede tardar seis meses en llegar a la marca de las veinticinco palabras. No se trata de que ellos no tengan nada interesante que decir o de que no reconozcan las palabras cuando las oyen. De hecho, los niños entienden muchas palabras, señalando correctamente animales con nombres complicados como *dinosaurio* o *elefante*. Pero *pronunciar* esos nombres les resulta realmente demasiado complicado. El obstáculo reside en la complejidad de crear sonidos con los que expresarse.

Como adultos tendemos a olvidar que pronunciar palabras es un proceso bastante complicado. No sólo porque para producir una palabra se requieran un número increíble de músculos motores, cada uno de los cuales debe ser movido con precisión, sino porque la secuencia de esos movimientos debe almacenarse en algún lugar de la memoria. Después de todo, el objetivo es ser capaz de recuperar la secuencia exacta de movimientos cada vez que salga a colación el mismo objeto. Para hacer que el asunto sea aún más interesante, cuando el padre y la madre modelan las palabras para que las aprenda su hijo (por ejemplo: «¡Oh, mira, Robbie! ¡Un perrito!»), la mayoría de los movimientos precisos que utilizan para producir la palabra permanecen ocultos dentro de sus bocas. ¿Qué debe hacer el pobre bebé?

Los signos del bebé al rescate

¿Se acuerdan de nuestro pequeño amigo Sam, el bebé de trece meses de edad que preguntó afligido a su madre por la falta de nieve en el aeropuerto de Los Ángeles? A diferencia de la mayoría de los bebés, él no se hallaba completamente frustrado a causa de la inmadurez de su sistema de sonidos. Con veinticinco signos del bebé (y muchos más en camino), sus padres y él eran capaces de comunicarse de forma efectiva respecto a muchos temas. Sus niveles de frustración eran mucho menores, y Sam se lo pasaba en grande explicando a cualquiera que le «escuchara» cómo era el mundo visto a través de los ojos de un niño.

No debería sorprenderle lo inteligente que es Sam. Los bebés siempre han sido así. Después de todo, todos los bebés aprenden de una forma bastante natural a agitar la mano para decir *adiós* y a mover la cabeza de lado a

Con la acción de oler como su signo del bebé para *flor*, Adam, de catorce meses de edad, le estaba explicando a su madre qué había en la maceta grande. El signo era uno de los cuarenta que aprendió Adam entre los diez y los veinte meses y que utilizaba para preguntar sobre las cosas, describir lo que veía y explicar a sus padres lo que recordaba.

lado para decir *no* y de arriba abajo para decir *sí* mucho antes de poder pronunciar las palabras. Lo que nos han enseñado nuestros dieciséis años de investigación con cientos de familias sobre los signos del bebé es que *adiós, sí* y *no* sólo son la punta del iceberg. Con el apoyo de los padres los bebés pueden aprender a asociar docenas y docenas de gestos con cosas concretas (como agitar los brazos para *pájaro*, soplar para *caliente* o incluso darse palmadas en el pecho para *miedo*). Y, como indicaba el relato de las «Últimas noticias», en lugar de disminuir el interés del bebé por aprender a pronunciar verdaderas palabras, los bebés que utilizan los signos del bebé de hecho aprenden a hablar a un ritmo más rápido.

Éste fue el motivo de que, con la ayuda de una importante subvención de los Institutos Nacionales de Salud, pasáramos tres años siguiendo el progreso de un grupo de bebés a los que se animó para que utilizaran los signos del bebé. Al mismo tiempo también controlamos el progreso de bebés que no habían sido expuestos en absoluto a los signos del bebé. ¿Y qué fue lo que descubrimos? Observamos que, prueba tras prueba (cada una de ellas ideada para capturar una instantánea diferente del desarrollo del lenguaje durante los tres primeros años), los que utilizaban signos del bebé obtenían mejores resultados que los que no. La experiencia les había ayudado a aprender a hablar antes y no después. ¿Por qué? A continuación exponemos algunas razones:

- Los signos del bebé estimulan el desarrollo cerebral, en particular el de las regiones involucradas en el lenguaje, la memoria y el desarrollo conceptual. Cada vez que un niño se comunica de forma satisfactoria utilizando un signo del bebé, se crean o fortalecen conexiones que hacen más fácil que los siguientes esfuerzos también obtengan éxito. Sin los signos del bebé esos cambios hubieran tenido que esperar a que el niño pudiera pronunciar las palabras, normalmente varios meses después.

- Los signos del bebé estimulan a los padres para que hablen más con sus pequeñines, y sabemos que cuanto más lenguaje escucha un bebé, antes se da el desarrollo del lenguaje. Además, el bebé puede elegir el tema. Piense en esta respuesta de un padre cuyo bebé de once meses acaba de ver un pájaro bañándose y ha utilizado el signo del bebé para *pájaro* para decirlo: «¡Oh, has visto un pájaro! ¡Tienes razón! Eso *es* un pájaro. Y ahí hay otro pájaro. Están chapoteando en el agua. Y ahora los pajaritos se marchan volando...». ¿Ve a lo que nos referimos? Otra lección de lenguaje da y se recibe.

- Los signos del bebé hacen que los niños se aficionen a la noción de que el lenguaje es una forma de relacionarse con la gente, permitiéndoles ser por vez primera compañeros activos en conversaciones y además satisfacer sus necesidades. A menudo utilizamos la analogía de que los usuarios de los signos del bebé quedan fascinados con todo el tema de la comunicación del mismo modo que los bebés quedan fascinados con todo el tema del desplazamiento por el mundo cuando comienzan a gatear. Y como a nadie le preocupa que aprender a gatear haga que el bebé esté menos motivado por aprender a andar, hemos documentado que aprender los signos del bebé no hace que el bebé esté menos motivado por aprender a hablar. De hecho, el éxito con los signos del bebé estimula realmente al bebé a pensar en cómo comunicarse aún mejor. El siguiente paso natural es aprender las palabras.

Desde que informamos por primera vez de nuestros hallazgos, mucha gente nos ha preguntado qué pasó con ambos grupos de bebés en los años posteriores. ¿Cómo les fue en la escuela, por ejemplo? ¿Estaban los usuarios de los signos del bebé de algún modo más preparados que sus compañeros para superar los retos? Decidimos que teníamos que averiguarlo, así

Dado que los signos del bebé son sólo sustitutos temporales de las palabras, no importa realmente la forma que tengan, siempre que el movimiento sea fácil de imitar para el bebé. Las figuras superiores representan dos gestos diferentes que hemos visto utilizar a familias para referirse a *gato*.

que localizamos a tantos de los niños del estudio como pudimos durante el verano posterior a su segundo año de escuela. En esa ocasión nuestra técnica de medición fue un test estándar del coeficiente de inteligencia llamado WISC-III. Con gran satisfacción para nosotros, los «alumbrados» con los signos del bebé *todavía* obtenían un rendimiento mejor que sus compañeros que no habían utilizado los signos, y con un margen bastante amplio. Indudablemente, la capacidad de comunicarse es tan importante que un «impulso inicial» marca la diferencia en el desarrollo durante los años siguientes.

No sólo la utilización de los signos es buena para los bebés, sino que incorporarla en la vida diaria es increíblemente sencillo. Aunque resulta obvio que nosotros no podemos ofrecerle demasiada información en este corto espacio como la que le ofrecemos en nuestro libro *Baby Signs: How to Talk With Your Baby Before Your Baby Can Talk*, aquí tiene algunos de los más importantes consejos para que se inicie.

Consejos para padres

• A PARTIR DEL NACIMIENTO

Aproveche esos primeros meses para introducirse en el hábito de modelar signos del bebé durante las interacciones rutinarias con su bebé. Después de todo, no esperamos hasta los nueve meses para comenzar a agitar las manos para decir *adiós* ni para comenzar a mover la cabeza para decir *sí* y *no*. Nuestros bebés ven estos gestos y palabras emparejados desde el momento en que nacen. Ésta es la causa por la que los niños aprenden estos tres signos tan rápido. Así pues, seleccione un conjunto de palabras que usted crea que pueden ser importantes para su bebé (*más*, *perro*, *gato* y *beber* son típicas), decida qué signos del bebé las acompañarán y añada las acciones que usted escoja a las palabras siempre que pueda. Su bebé encontrará las acciones interesantes incluso aunque la conexión lo evite durante un cierto tiempo. La ventaja es que cuando la bombilla se enciende (en cualquier momento entre los diez y los catorce meses), el niño tendrá un buen número de signos del bebé entre los que escoger, además de unos padres entusiastas animándolo. Y, lo que es más, usted ya será tan veterano en los signos del bebé que añadir signos nuevos será facilísimo. Hemos comprobado una y otra vez que los bebés que acaban disfrutando más con los signos del bebé son aquellos cuyos padres han sido los más entusiastas a lo largo de todo el proceso.

• A PARTIR DE 9 MESES

Asegúrese de que las acciones que escoge como signos del bebé le resultan sencillas de realizar físicamente a su bebé. Hemos comprobado que es beneficioso que la acción tenga un cierto sentido en términos del concepto que representa el signo del bebé. Por ejemplo, usted puede escoger una acción de zarpazo para *gato* o una ondulación del brazo para *perro* (imitando a un perro que menea la cola). La lógica consiste en que es mucho más sencillo tanto para el padre como para el bebé recordar un signo que se parezca a un objeto que uno que sea completamente arbitrario. ¡Mover el dedo índice para representar *excavadora* seguro que es más fácil de recordar que meterse el mismo dedo en la oreja! Probablemente no tendrá ningún problema para inventar signos del bebé con los que trabajar por sí solo. Pero si quiere un poco de ayuda encontrará una lista de sugerencias para signos del bebé en nuestro libro. Si usted ya está familiarizado con algún lenguaje de signos y quiere intentarlo con esos signos formales también puede hacerlo. Sin embargo, hemos descubierto que la mayoría de los padres aprecian la gran flexibilidad de la idea de los signos del bebé, el hecho de que puedan elegir qué gesto tiene sentido para ellos. Y, lo que es más, pueden hacerlo sobre el terreno, donde y cuando aparezca el concepto: «Oh, mira, una excavadora. Ummm... veamos... ya lo sé... ¡excavadora! [dedo índice moviéndose]».

• A PARTIR DE 12 MESES

Como en todo aprendizaje, la repetición es la clave del éxito. Lo que se traduce en el simple hecho de que, en el caso de los signos del bebé, cuantas más veces vea su bebé como usted modela un signo del bebé junto a una palabra, más rápido entenderá la conexión. La manera más sencilla de ayudarle a recordar que debe modelar los signos que usted esté intentando enseñar a su bebé es simplemente incorporarlos en los actos de su rutina diaria (como en los cambios de pañal, las horas de las comidas, la hora del baño, etc.). Si usted está trabajando en el signo del bebé para *flor*, por ejemplo, pegue un dibujo de una flor encima del cambiador o coloque una flor artificial (prestando atención a la seguridad, desde luego) con la que su bebé pueda jugar mientras está cambiándole el pañal. Entonces, tantas veces como usted considere apropiado, señale la flor simplemente, diga la palabra y modele el signo («snif, snif»). En las comidas, utilice manteles individuales con dibujos de los conceptos de los que usted esté enseñando los signos del bebé. Si no encuentra en las tiendas manteles con los dibujos adecuados, no desespere. Sólo tiene que recortar dibujos de las revistas y adherirlos sobre cualquier mantel individual que tenga. La ventaja que esto supone es que usted puede cambiar con facilidad a otros conceptos cuando su bebé ya tenga el primer signo del bebé fijado sólidamente en un repertorio. Los hermanos mayores pueden sumarse también a la acción. Anímelos a dibujar o encontrar dibujos de conceptos para los signos del bebé para colocarlos en la nevera o en las paredes del cuarto de juegos, y enséñeles a modelar los signos para el bebé. Puede imaginar bien el orgullo que sienten cuando sus esfuerzos finalmente dan resultado y el bebé comienza a imitarlos. Después de todo, ¡usted se siente igual!

• A PARTIR DE 18 MESES

Muchos padres asumen que, cuando el bebé ya tiene un número razonable de palabras verbales en su vocabulario, introducir nuevos signos del bebé no supone ninguna ventaja. En realidad, eso no es así. Muchos conceptos en los que están interesados los bebés tienen nombres que son muy difíciles de pronunciar, incluso para un locuaz bebé de dieciocho meses. Un signo del bebé para *hipopótamo* (abrir mucho la boca), por ejemplo, será útil durante un cierto período de tiempo, como puede que lo sea dar una palmada para *cocodrilo* o hacer círculos con el dedo en el aire para *helicóptero*. En otras palabras, permita que su bebé le diga cuándo ha pasado el momento de utilizar los signos del bebé en lugar de intentar adivinarlo por sí solo. Y recuerde, alentar los signos del bebé, incluso a esas edades, no significa que usted vaya a acabar con un niño silencioso de tres años en sus brazos. Como hemos dicho antes, en lugar de dificultar, los signos del bebé contribuyen en el proceso de aprender a hablar.

Le recomendamos de veras que dé una oportunidad a los signos del bebé. Le prometemos que quedará asombrado por lo inteligente que es su bebé, lo observador que es y lo mucho menos frustrados que se sentirán ambos cuando él pueda «decirle» lo que piensa. Con un repertorio de signos del bebé a su disposición, aquellos días en que su hijo señalaba con los dedos y lloraba desesperadamente serán rápidamente algo del pasado, y las palabras serán parte con más rapidez del presente y del futuro de su hijo.

¡ÚLTIMAS NOTICIAS!

Los beneficios de simular algo más que una quimera

Abilene, Kansas. «Polly, pon la tetera al fuego y tomaremos un té.» Así dice una vieja canción infantil que la Mamá Ganso hizo popular hace más de un siglo. Es posible que Kayla, de diecinueve meses, no tenga esta canción en su repertorio, pero hay muchas posibilidades de que ella en efecto haya «puesto la tetera al fuego» y preparado no sólo té, sino otras muchas recetas de rechupete propias de una tarde de té imaginaria. No sólo simulan tomar té en pequeñas tazas, también engullen galletitas, helado y pastel imaginario. Kayla incluso llegó a preparar en un momento una pizza el otro día (al típico estilo «abracadabra») y llamó a su abuela por el teléfono de juguete para invitarla formalmente a unirse a ellas.

Los niños pequeños llevan siglos divirtiéndose con actividades imaginarias. A través de pinturas y poemas hemos oído hablar de pequeños chicos que montan caballos hechos de palo, que comandan a soldados de juguete y que hacen navegar pequeños barcos de vela, mientras que sus equivalentes femeninas alimentan a muñecos, celebran tardes de té y juegan disfrazadas con la ropa de mamá. Por otra parte, desde que se inventó el teléfono, tanto los niños como las niñas suelen llamar a sus abuelas para mantener conversaciones simuladas.

De hecho, los juegos imaginarios son una parte normal de la niñez, y son pocos los padres que se detienen a pensar en lo que pueden aportar además de un rato divertido. Si se les pregunta por sus beneficios, es posible que los padres reconozcan que estos juegos imaginarios estimulan la «imaginación». Pero sería muy extraño encontrar a un padre que viera una conexión efectiva entre jugar a juegos imaginarios y aprender a hablar. Ésa es la razón exacta que hace que las investigadoras Susan Goodwyn y Linda Acredolo, de la Universidad de California, estén ansiosas por compartir los resultados de su último estudio con los padres: jugar a juegos imaginarios en el principio de la vida ayuda realmente a los bebés a descifrar el código del lenguaje humano.

Los juegos imaginarios y el lenguaje: no «simular hablar» sino «hablar para simular»

Como mencionamos brevemente en las «Últimas noticias», las investigaciones llevadas a cabo en nuestro propio laboratorio de la Universidad de California de Davis nos han convencido de que los juegos imaginarios son buenos para el desarrollo del lenguaje. Aquí tiene los datos que lo demuestran. Comenzamos observando a un grupo de cuarenta bebés cuando estaban a punto de aprender a hablar, a los once meses. Durante los tres años siguientes les invitamos de forma periódica a que volvieran al laboratorio para jugar con juguetes (con y sin sus madres como compañeras de juego). Durante las mismas visitas también documentamos cuidadosamente su progreso tanto en la comprensión como en la verbalización de palabras. Los resultados fueron claros. Como habíamos predicho, los bebés cuyas madres alentaron el juego de simulación (con muñecos, camiones de juguete, disfraces y cosas por el estilo), obtuvieron mejores resultados en mediciones estandarizadas del desarrollo del lenguaje que los que jugaron con juguetes sin simulación (con paneles de clavijas, cajas sorpresa, mantas de actividad y cosas por el estilo).

Para entender por qué sucede esto piense en una analogía de su propia vida. ¿Cuándo fue la última vez en la que usted estuvo de tan mal humor que no tenía ganas de hablar con nadie? Dado su estado de ánimo antisocial, ¿cuál de los siguientes pares de actividades es más probable que le apeteciera?

a. ¿Pintar un cuadro o hablar por teléfono con su tía Virginia?

b. ¿Hacer un puzzle o invitar a tomar el té a algunos amigos?

c. ¿Construir una casa para los pájaros o planear un viaje en coche con un amigo?

Es una apuesta segura pensar que usted daría su voto a la primera opción en cada uno de los casos. Resulta bastante obvio que las segundas actividades (hablar por teléfono, dar una fiesta y planificar un acontecimiento con un amigo) implican tener que entablar una conversación animada con otras personas, que es exactamente aquello para lo que no está de humor.

¿Cómo se relaciona este pequeño episodio de adopción de personalidades con ayudar a los bebés a aprender a hablar? La relación se hace evidente cuando usted se da cuenta de que cada una de esas actividades tiene una equivalente en nuestros comportamientos de juego habituales cuando jugamos con nuestros pequeñines.

La primera actividad de cada par implica trabajar con materiales de una forma bastante solitaria, en lo que los psicólogos del desarrollo llaman actividades *manipulativas.* En este caso, la versión de los niños incluye algunos de los juegos favoritos de esa edad, como los juegos de anillas, mantas de actividad, puzzles, cajas sorpresa y juegos de encajes. En el caso de todos estos juguetes, el objetivo es hacer que suceda algo interesante manipulando sus elementos. Por ejemplo, una manta de actividad típica tiene asas para agarrar, ventanas para abrir, botones para apretar y ruedas para girar. Esos juguetes son divertidos y también educativos, y sin duda tienen un sitio en el cuarto de juegos de todos los niños. Cada uno de estos juguetes desafía al niño a que descubra una «contingencia» como las que describimos en el capítulo 3: «¡Oh, si yo hago esto, sucede algo fantástico! ¡Genial!». Pero las lecciones que nos enseñan son en su mayoría irrelevantes a la hora de aprender a hablar, ya que las actividades en sí mismas no requieren una conversación. Piense en ello. Aunque se siente pacientemente con su hijo y le anime a descubrir el secreto de la caja sorpresa, lo más probable es que las conversaciones sean muy limitadas: «Mira eso», «Ahora inténtalo tú», «¡Bien hecho!, ¿puedes repetirlo?», «¡Oh!». Éste no es precisamente un intercambio con un vocabulario enriquecedor.

En contraste, la versión del niño de la segunda actividad de cada par representa lo que tanto los investigadores como los padres conocen como juegos «imaginarios». Son imaginarios porque es posible que el niño esté hablando por un teléfono simulado con unos amigos simulados al otro lado del hilo, tome el té simulado con amigos simulados, o se siente junto al circuito de una carrera simulada de coches simulados. A los niños les gusta introducir variantes en este tipo de juegos de fantasía a lo largo de la niñez. ¿Qué otra cosa podría explicar el interminable atractivo de las muñecas, los juegos de médico, las gasolineras en miniatura, los soldados de juguete y la muñeca Barbie?

Sin embargo, muchos padres no se dan cuenta de que los juegos imaginarios no son sólo divertidos para los niños sino también para ellos. Una

No todos los juguetes provocan el mismo tipo de juego. En la foto de la izquierda Leannie, de veintidós meses, está manipulando piezas de un puzzle sencillo, mientras que en la foto de la derecha está simulando hablar con su abuela. Los estudios demuestran que jugar a juegos imaginarios, con mayor dependencia de las palabras, resulta más útil para el desarrollo del lenguaje que jugar con juegos manipulativos. Desde luego, ¡lo único que le importa a Leannie es divertirse!

causa fundamental es el hecho de que es casi imposible no hablar durante las representaciones imaginarias, en particular cuando los adultos están involucrados. Los guiones típicos incluyen diálogos del tipo: «Di hola a la abuela. Dile que venga pronto a vernos» o «Mmmm, este té está buenísimo. ¿Puedo tomar más?» o «Necesito gasolina. ¿Puedes llenármelo?». No sólo la cantidad total de diálogo es mayor durante los juegos de simulación que durante los juegos manipulativos, sino que el abanico de temas también es mucho más amplio. Y nuevos temas significan nuevos conceptos en el vocabulario.

En la tienda de alimentación simulada, por ejemplo, los clientes pueden comprar cualquier cosa, desde manzanas a nueces, y en la consulta del doctor, los pobres pacientes pueden tener que soportar cualquier cosa, ¡desde una apendicectomía hasta una sesión de rayos X durante una sola visita! De hecho, no es extraño que incluso los niños más pequeños hagan ambos papeles durante las representaciones, hablando consigo mismos, cuando no están los padres para ayudar.

El nuevo amigo de su pequeñín: el símbolo

Por supuesto, la cantidad total de habla que se produce entre los padres y los hijos durante las representaciones imaginarias es una de las razones por las que estas actividades estimulan el desarrollo del lenguaje. Pero también existe otra relación más sutil. Como señaló el famoso psicólogo suizo Jean Piaget hace muchos años, las dos actividades requieren un tipo particular de gimnasia mental por parte del niño conocida como *simbolización*. Este término se refiere a la capacidad de comprender que una cosa (por ejemplo, una secuencia de sonidos como *g-a-t-o*) puede significar, o representar, otra cosa (por ejemplo, la categoría de criaturas peludas de cuatro patas que hacen «miau»). En cualquier lenguaje (incluido el de los signos del bebé) que esté aprendiendo un niño, cada palabra simboliza un concepto subyacente, y hasta que la noción completa de los símbolos no adquiere todo el sentido para los bebés (aproximadamente entre los nueve y los doce meses), el desarrollo del lenguaje no levanta el vuelo.

Del mismo modo que la simbolización proporciona la base tanto para la comprensión como para la pronunciación de palabras, también cumple la misma función cuando se trata de los juegos imaginarios. De hecho, muchos investigadores prefieren el término *juego simbólico* para describir lo que hacen los niños cuando toman parte en sus representaciones imaginarias favoritas. Piénselo. Cada vez que su hijo pone a dormir a su muñeca como si fuera un bebé de verdad, hace «brmmm brmmm» con un coche simulado en una carretera simulada, o sorbe té imaginario de una taza de juguete, está utilizando símbolos. Cada uno de esos juguetes representa el concepto real, una equivalencia que el niño aprende a mantener mentalmente durante todo el tiempo que dura la representación. Y, lo que es más, ¡disfruta haciéndolo! Tras observar la alegría con la que sus tres propios hijos descubrieron el poder de los símbolos, Piaget dio especial importancia a subrayar el valor como entretenimiento de cualquier nuevo truco cognitivo que descubre un niño, con la capacidad de utilizar símbolos como ejemplo principal. Ellos están encantados desde el momento en que comprenden por primera vez que pueden hacer que una cosa represente a otra. De hecho, un niño en edad preescolar dedica buena parte del día a actividades simbólicas, no sólo al lenguaje y a los juegos imaginarios, sino también a dibujar, contar o aprender a leer. De hecho, sin la capacidad de comprender los símbolos, la vida sería muy aburrida.

A causa de esta dependencia habitual de la simbolización, no nos sorprendió descubrir en nuestro propio estudio que los bebés a los que se había alentado para que jugaran con la simulación (cuyos padres les habían ayudado a cocinar galletitas simuladas, a conducir coches simulados y a hablar por teléfonos simulados), tenían un cierto «impulso inicial» en el lenguaje. Dada especialmente la novedad que representa todo el concepto del símbolo a esta edad, es muy probable que la práctica en una área se extienda a los demás. Así que líbrese de esos coches, caballos y barcos simulados y, antes de que se dé cuenta, su bebé estará en desventaja en varios aspectos del aprendizaje.

Sabiendo sólo que los juegos imaginarios tienen beneficios ocultos para el desarrollo del lenguaje, usted ya tendrá una gran ventaja en la partida. Pero a continuación tiene unos cuantos consejos que le ayudarán a conseguir que la magia de esta información se extienda sobre usted y su bebé.

Consejos para padres

• A PARTIR DEL NACIMIENTO

Como ya hemos señalado, una razón que hace que los juegos imaginarios estimulen el desarrollo del lenguaje es que promueven la conversación entre usted y su hijo. Sin embargo, es obvio que usted no debería esperar hasta la primera vez que tomen el té juntos para empezar a hablar con él. La conversación debería formar parte de sus interacciones desde el primer día, y no existe casi ningún libro sobre ser padres que no subraye este hecho. Pero a veces a los padres les resulta difícil creer que lo que hacen con sus bebés, por no mencionar los ruidos específicos que hacen, tiene algún impacto sobre el crecimiento durante esos primeros meses. Bueno, para todos los escépticos, a continuación presentamos un relato interesante procedente de la Universidad de Waterloo de Ontario, Canadá.

Sin utilizar nada más complejo que una cámara de vídeo, Kathleen Bloom observó a bebés de tres meses mientras interactuaban con una desconocida que mostraba una actitud amigable. Lo que descubrió fue que cuando ellos escuchaban pronunciar palabras a la señora, los bebés respondían con sonidos con apariencia de palabra en lugar de con simples sonidos como «Tsk, tsk, tsk». ¿Por qué? Kathleen Bloom sugiere que a los bebés muy pequeños les gusta imitar sonidos del mismo modo que aparentemente les gusta imitar acciones (véase el capítulo 3). El aspecto destacado que deben recordar los padres sobre este tema es que, igual que con todas las nuevas habilidades, cuanto más practique su hijo la construcción de sonidos y palabras, más fácil le será la elaboración de los mismos. ¿Cuál es el principio fundamental? Hablarle a su bebé marca realmente la diferencia. Igual que el niño de cuatro años con la típica buena conducta, ¡los bebés de tres meses hablan cuando se les habla!

• A PARTIR DE 9 MESES

Haga un esfuerzo consciente para facilitarle juguetes que se presten al juego de simulación. En esta época, resulta demasiado fácil colocar a un pequeñín delante de un vídeo (o incluso un ordenador) y pasar por alto los muchos beneficios de jugar a disfrazarse, construir castillos de arena o jugar con muñecas. Además, es importante que usted se implique de forma activa en estas pequeñas representaciones. Ayude a su hijo a marcar el teléfono simulado para hablar con papá. Haga las preguntas de su bebé incluso cuando usted tenga que proporcionar la respuesta. («¿Está papá al teléfono? ¡Di "Hola, papá"!» o «¿Qué clase de galletas has preparado esta vez? ¿Galletas de chocolate?».) Los padres que han estado alejados del área de juegos del parque durante demasiado tiempo pueden sentirse un poco estúpidos al principio. Pero las recompensas llegan enseguida. Usted no sólo ayudará a estimular el desarrollo del lenguaje, sino que también tendrá la oportunidad de ver en acción la mente de su bebé cuando practique los pormenores de las actividades rutinarias de la vida diaria. Y, desde luego, usted tiene el lujo de estar completamente a salvo de las consecuencias de esas pequeñas representaciones. Ésta es una hornada de galletitas que nunca se quemará.

• A PARTIR DE 9 MESES

No es necesario evitar por completo los juguetes manipulativos. De hecho, eso sería un error. Las mantas de actividad, las cajas sorpresa y los juguetes de ese estilo son juguetes maravillosos que estimulan la resolución de problemas además de proporcionar diversión. Sólo tenga en cuenta que las conversaciones no tienen que volverse totalmente aburridas cuando el movimiento de las piezas se convierta en el centro de atención. Asegúrese de ir más allá de frases poco imaginativas como: «¿Qué tal ésa?». Sea creativo. Describa los colores y los movimientos. Hable sobre los personajes que salen de la caja sorpresa. Haga comparaciones con otros juguetes. Pregunte a su bebé qué partes le gustan más. Hable sobre la persona que le regaló el juguete. Y no se olvide de ensalzar las virtudes de su bebé con algo más que un simple «¡Bien!» cuando haga un buen trabajo. ¿Cuánto tiempo más puede suponer añadir: «¡Has hecho aparecer al ratón Mickey! Ha aparecido igual que antes el pato Donald. ¿Te acuerdas de cómo saltó el pato Donald cuando giraste la rueda? ¡Se lo enseñaremos a papá cuando llegue a casa!»? En otras palabras, sea creativo. Como siempre decimos que hagan los pequeñines, «¡Utilice sus palabras!».

¡ Ú L T I M A S   N O T I C I A S !
La lectura de libros es aclamada como factor clave en el aprendizaje del lenguaje

Houston, Texas. «¿Y cómo crees que se sentía Ricitos de Oro?», preguntó Juanita a Emilia, su hija de treinta meses. «¡Sustada!» fue la rápida respuesta que daba fe de la facilidad de Emilia para el lenguaje y también de su capacidad de simpatizar con una mítica niña rodeada de osos. De hecho, ésa fue solamente una de las preguntas destinadas a provocar un razonamiento que Juanita formuló a Emilia la pasada noche durante una típica sesión de cuentos antes de dormir. Entre las demás respuestas, Emilia contestó con orgullo que era «¡zopa!» lo que estaba comiendo Ricitos de Oro, «¡se dompió!» lo que le había pasado a la silla del bebé oso, y que para lograr salir del apuro en el que estaba «¡se fue codiendo a casa!».

Si esta historia le recuerda los ratos de los que su bebé y usted ya disfrutan, entonces hay muchas posibilidades de que usted ya haya imaginado de forma intuitiva lo que ha demostrado una investigación muy cuidadosa: en una sesión de lectura hay muchas más cosas aparte de pronunciar las palabras. Lo triste, según Grover Whitehurst, de la Universidad del estado de Nueva York, en Stony Brook, es que muchos padres que de forma consciente gastan tiempo y dinero en libros con dibujos desaprovechan una forma muy sencilla de ayudar a sus hijos a aprender el lenguaje. En lugar de limitarse a leer las palabras impresas en la página, los padres deberían también entablar un diálogo con sus hijos. Al pedirle a un niño que busque las respuestas a esas preguntas en su memoria, los padres están desafiando al niño a que escuche con atención, a que piense en lo que sucede en el relato y a que encuentre las palabras para expresar la respuesta. Y todas esas lecciones, que en otros contextos podrían parecer un trabajo pesado, adquieren un halo de diversión y entretenimiento, ya que son parte de la diversión de la tarde.

Fundamentos de la lectura de libros

Retrocedamos por un momento y analicemos todo este asunto de la lectura de libros. Antes de nada, si usted lee libros a su hijo ya está en la cabeza del pelotón. Innumerables estudios han demostrado que los niños cuyos padres leen para ellos desde edades muy tempranas (con independencia de cómo lo hagan) tienden a hablar antes, a leer mejor y a pensar de formas más complejas que los niños cuyos padres no leen para ellos. Pero lo que Grover Whitehurst y sus colegas han añadido a esta idea son los beneficios adicionales que resultan de hacer algo más que simplemente leer las palabras. Si a usted le interesa ayudar a su hijo a aprender a hablar, y también a aprender a pensar y a recordar, entonces lo que tiene que hacer es formular preguntas relacionadas con la línea argumental y sus personajes. Cuando usted se encuentre con personajes importantes, pregunte quiénes son ellos, qué hacen, qué hacían antes y (especialmente en el caso de los cuentos clásicos) qué van a hacer en las siguientes páginas. En otras palabras, el objetivo en general es alentar a su hijo para que hable todo lo que sea posible. Es una oportunidad verdaderamente maravillosa de tener conversaciones animadas, en especial si usted lo mira desde el punto de vista de su hijo: el escenario es acogedor y seguro, el tema es interesante y el resultado consiste en compartir información con alguien que está fascinado por cualquier cosa que yo diga. ¿Qué mejor foro puede existir para animar a su hijo a pensar por sí mismo y aprender las palabras para expresarle sus ideas?

Desde luego, este consejo cobra todo su sentido, sobre todo si usted considera lo cuidadosamente que actuaron Whitehurst y sus colegas a la hora de demostrar que estaban en lo cierto. En primer lugar buscaron un grupo de niños de veinticinco a treinta meses de edad. Todos ellos vivían en casas en las que la lectura de libros era algo común. El lenguaje no era un problema particular para ninguno de los niños, pero, de todos modos, los padres sentían la curiosidad suficiente para ofrecer su tiempo. (Gracias a Dios por la existencia de padres como éstos. Sin ellos, estaríamos todavía en las épocas oscuras en las que los bebés eran considerados seres totalmente incompetentes, motivados a actuar sólo a causa del frío, el hambre o la molestia de los pañales mojados.)

Durante su primera visita al laboratorio, se informó a los padres de los efectos positivos que tenía la lectura de libros sobre el lenguaje y se les felicitó por haber dedicado ya parte de su tiempo a leer para sus niños. Entonces las familias fueron divididas de forma aleatoria en dos grupos y se les dieron las siguientes instrucciones:

Lo único que queremos que hagan es dedicar un poco más de tiempo para que graben en una cinta sus sesiones de lectura de libros durante el próximo mes y después vuelvan al laboratorio una vez más. En esa visita haremos una pequeña prueba de lenguaje para ver qué diferencia, si es que hay alguna, se ha producido en un mes.

Lo siguiente fue lo que sucedió entre la primera y la segunda visita

Como cualquier otra facultad, aprender a hablar requiere práctica. Los estudios han demostrado que entablar un diálogo con el niño durante la lectura de libros, en lugar de limitarse a leer las historias palabra por palabra, es una manera fácil y efectiva de ofrecer oportunidades para practicar el lenguaje en un entorno agradable y cariñoso.

que diferenció a un grupo del otro. Mientras a los padres de los pequeños del «grupo de control» se les envió a casa para que continuaran con su estilo habitual de lectura de libros, a los padres de los niños del «grupo experimental» se les pidió que lo hicieran de la forma que hemos descrito anteriormente. Se les pidió que mantuvieran conversaciones con sus hijos sobre los libros en lugar de limitarse a leer las palabras. Cuando al final de aquel mes se presentaron en el laboratorio para informar de sus progresos, los efectos positivos fueron impresionantes, incluso para Whitehurst y sus estudiantes. Aunque los dos grupos de niños eran bastante similares en cuanto a su capacidad para el lenguaje al principio del experimento, al final de ese mes los niños «experimentales» estaban ocho meses y medio por delante en una medición del desarrollo del lenguaje y seis meses en la otra. Y, lo que es más, los niños seguían todavía seis meses por delante en ambas mediciones cuando las familias volvieron al laboratorio en una última ocasión nueve meses después. Piense solamente, si un mes de lectura dialogada, como la llama Whitehurst, produjo esta gran diferencia en la habilidad para el lenguaje de esos pequeños, ¿qué podría significar para su hijo una dieta regular de ese tipo de lectura?

A continuación, le presentamos algunas estrategias específicas que ayudarán a que la lectura dialogada se convierta en una parte de la lectura tan natural como girar las páginas.

Consejos para padres

• A PARTIR DE 6 MESES

La historia puede ser fascinante y su pregunta puede ser muy apropiada, pero si su bebé es demasiado pequeño para hablar usted puede esperar todo el día sin obtener ninguna respuesta. ¿Significa eso que la lectura dialogada es una estrategia que usted debe guardar en el armario hasta que su bebé tenga dieciocho o veinte meses? No, en absoluto. Incluso los bebés que no hablan escuchan. Así que siga adelante y formule una pregunta sencilla como «¿Quién es ése?». Y después contéstela usted mismo. «¡Es Dumbo!» Esta estrategia se lleva a cabo de forma natural cuando los padres leen a sus hijos libros con ilustraciones e intentan enseñarles los nombres de las cosas. Pero cuando los padres leen a sus hijos libros de cuentos sin ilustraciones, lo más probable es que ellos no se separen de las palabras escritas. En lugar de eso, intente hacer preguntas que se respondan con algo más que simples nombres. Y como usted será el que proporcione las respuestas, eso le dará una oportunidad de ejercitar su propia imaginación.

Aquí tiene un ejemplo:

«¿Qué está haciendo Dumbo? ¡Está volando!»

«¿Qué tiene de especial Dumbo? ¡Tiene las orejas muy grandes!»

«¿Tú tienes las orejas tan grandes como él? ¡No! Tú tienes las orejas pequeñas.»

Introducir la lectura dialogada a una edad tan precoz tiene al menos dos ventajas importantes. Primero, aunque tenga que contestar las preguntas usted mismo, al menos usted se habitúa a formularlas. Segundo, como usted modela el funcionamiento del juego, cuando su bebé finalmente sea capaz de jugar, ya sabrá las reglas.

• A PARTIR DE 9 MESES

Como señalamos en el capítulo 4, aunque a usted pueda aburrirle un libro en particular, leer el mismo libro de cuentos una y otra vez es muy adecuado para su bebé. Si eso es lo que él quiere, tenga por seguro que ya es por sí sola una buena razón. En el caso de las lecturas dialogadas, repasar el mismo relato una y otra vez permite al niño aprender nuevos conceptos de vocabulario y utilizarlos de forma correcta para responder a preguntas. Esto es exactamente lo que descubrió hace poco tiempo la investigadora Moneque Senechal cuando leyó un cuento a niños de tres años una o tres veces. Esas dos veces suplementarias marcaron una gran diferencia en la capacidad de los niños para recordar el significado de diez nuevas palabras (palabras como *pesca, boina* o *mochila*). Además, cuando las tres lecturas incluyeron también preguntas formuladas al niño (al estilo de la lectura dialogada), el número de palabras recordadas aumentó incluso más, hasta un 70 por ciento por término medio. De hecho, es bastante posible que algunos de esos niños se fueran a casa sabiendo más que sus propios padres sobre las palabras. Y si esto no resulta suficiente para convencerle, un estudio realizado por Peter Jusczyk y Elizabeth Hohne ha demostrado que, después de las tres lecturas, bebés de incluso ocho meses reconocen como familiares las palabras concretas que han escuchado en el cuento. A diferencia de los niños de tres años del estudio de Senechal, los bebés de tan poca edad no aprenden realmente el significado de las palabras. Sin embargo, aprenden a reconocer la secuencia de sonidos de los que están compuestas esas palabras. Por eso, incluso a los ocho meses la relectura de las historias provoca un efecto en la mente de un bebé.

• A PARTIR DE 18 MESES

Cuando su bebé tenga dieciocho meses de edad, usted puede esperar de él que sea capaz de asumir un papel mucho más activo. Por consiguiente, ése es el momento adecuado para iniciar de una forma seria la lectura dialogada. Revisemos brevemente los objetivos. La idea consiste simplemente en conseguir que su bebé hable para responder a las preguntas en lugar de limitarse a leer las palabras. ¿Qué es una buena pregunta? Por definición, una buena pregunta es cualquier pregunta que hace que su bebé diga algo. Igual que con la mayoría de habilidades, cuanto más practiquen los niños el habla, más fácil les resultará hablar. Aquí tiene algunas sugerencias específicas:

- En lugar de conformarse con preguntar por los nombres (como «¿Qué es eso?»), haga preguntas que requieran una cierta reflexión en su respuesta («¿Dónde crees que va Dumbo?»). Por lo general, las frases iniciales adecuadas incluyen: ¿por qué...?, ¿cómo...? o ¿dónde...? Verá como usted se extiende de forma natural a partir de cualquier respuesta que dé el bebé. «¿Demasiado grande? Sí, Ricitos de Oro era demasiado grande. Ella pesaba demasiado para esa silla tan pequeñita.» Sus palabras pueden parecer terriblemente complicadas para un niño pequeño, pero, aunque no sean comprendidas por completo, sus creaciones proporcionarán «alimento para el pensamiento» de su bebé.

- Pregunte sobre cosas abstractas, como sentimientos o predicciones de futuro. «¿Cómo crees que se sintió Ricitos de Oro cuando...? ¿Qué crees que dijo Ricitos de Oro a su mamá cuando llegó a casa?» Los padres subestiman la capacidad de los niños para pensar en cosas así. Y, lo que es más, ayudar a su hijo a identificar los sentimientos de un personaje también le ayudará, indirectamente, a identificar los suyos propios.

- Formule preguntas que relacionen los acontecimientos con los de la vida de su propio hijo. «¿Has visto alguna vez un oso?» «¿Qué harías si te despertaras y vieras a tres osos junto a ti?» Igual que al resto de la especie humana, a los bebés les interesan más las cosas que tienen una relación directa con sus vidas.

- Relájese, ríase mucho y «déjese llevar». Lo importante es hacer que hablar sea algo divertido. ¡Esto no es, repetimos, no es un test de inteligencia!

• A PARTIR DE 18 MESES

¡Convierta la lectura dialogada en un todo dialogado! En otras palabras, convierta en un hábito la utilización de la estrategia de preguntas y respuestas en otros ámbitos. Es posible que su pequeñín se haya enamorado de alguna película en particular, *Babe*, por ejemplo. En lugar de utilizar la cinta de vídeo como niñera, acérquese al sofá y utilícela como libro con ilustraciones: «Oh, mira a Babe y Rex. ¿Dónde crees que van?» o «¡Oh oh!, ¿qué está haciendo ahora ese pato tonto?». Usted puede incluso apretar el botón de pausa y dejar un tiempo para una conversación, igual que el tiempo que usted debe esperar para girar la página de un libro. Pero no se detenga ahí. Los libros y las películas no son las únicas historias sobre las que su hijo puede meditar. Desde luego, la historia más fascinante de todas es la vida diaria de su bebé. Cada día está repleto de personajes fascinantes, tramas secundarias y sentimientos, todos ellos candidatos perfectos para una conversación tanto si ustedes se encuentran en la cola de la caja de la tienda de alimentación, en el coche al volver de casa de la abuela o simplemente paseando juntos bajo el sol.

Y sobre todo es importante recordar que nadie aconseja que los padres conviertan cada momento en el equivalente infantil a un examen parcial. ¡Por supuesto que no! Todo lo que dice Whitehurst es que los padres, incluso los más motivados, pasan por alto demasiado a menudo oportunidades perfectas para animar a sus hijos a hablar. Y es probable que los niños a los que se alienta a hablar consigan un impulso inicial en el lenguaje que les será muy útil en el futuro.

Aprender a hablar y el futuro de su bebé

Los relatos, consejos y resultados de investigaciones que le hemos presentado en este capítulo indican el papel importante que usted puede desempe-

Peter y su nieta Leannie están absortos en una conversación sobre el nuevo programa del alfabeto para el ordenador. Obviamente, ¡los ordenadores no siempre tienen que aislar a los niños de las otras personas!

ñar a la hora de ayudar a su hijo a aprender a hablar. La Madre Naturaleza ha puesto de su parte para asegurarse de ello. Todos los niños humanos sanos llegan a este mundo predispuestos para desarrollar el lenguaje. Pero sin un entorno rico en palabras y rico en relaciones, todos sus planes fracasarían. Ya hemos estudiado el aspecto afectivo de las cosas en el capítulo 2. En el presente capítulo nuestro objetivo ha sido darle a conocer algunos de los secretos mejor guardados de la Madre Naturaleza. A los bebés les gusta imitar los sonidos del habla. Los bebés que no hablan aún pueden utilizar los signos del bebé para comunicarse. Jugar a juegos imaginarios estimula el aprendizaje del lenguaje. Y la manera en que usted lee un libro con su hijo marca la diferencia en su desarrollo. Ahora que estos secretos están, por así decirlo, «a la vista», esperamos que usted se divierta con ellos. Al hacerlo usted también estará ayudando a su niño a desarrollar uno de los ingredientes más importantes del éxito escolar. El lenguaje sirve para hablar con las personas, desde luego, pero eso es sólo la punta del iceberg. El lenguaje sirve también para leer, para escribir, para pensar y para crear. Cuando usted abre las puertas del lenguaje a su hijo, en realidad le está abriendo las puertas del mundo.

6

Letras, rimas y amor por los libros: preparándose para leer

¡ Ú L T I M A S   N O T I C I A S !

Los bebés de dos meses se encuentran en un gran estado de «forma» para distinguir letras, concluyen los científicos

Victoria, Australia. Hable a Julian, un bebé de dos meses de edad, sobre «cuadrados» y «rectángulos», y lo único que obtendrá de él será una mirada de incomprensión. Pero muéstrele primero diapositivas de la primera forma y después de la otra, y sustituirá la mirada de incomprensión por una concentración intensa. De hecho, una mirada atenta a los ojos de Julian mientras examina esos dibujos de cuadrados y rectángulos hechos de líneas blancas y negras revela algo muy curioso. Parece ser que Julian ya tiene entre su repertorio una habilidad que constituye verdaderamente una de las piedras angulares del proceso de aprendizaje de la lectura (la capacidad de distinguir formas compuestas de líneas negras sobre un fondo blanco). Enséñele primero el dibujo de un rectángulo y después cambie a un cuadrado. No hay problema, él detecta claramente la diferencia. Enséñele un cuadrado y después cambie a un triángulo, y una vez más él se dará cuenta de que usted ha cambiado las formas. Pero entonces intente engañarle enseñándole el *mismo* rectángulo, primero en posición vertical y después apoyado sobre un lado, y quedará realmente impresionado. Así no logrará engañar a Julian, él sabe que es la misma forma que usted simplemente ha girado un poco. Y ya puede olvidarse de inclinar un cuadrado sobre una esquina para formar un rombo. Tampoco caerá en esa trampa. ¡Un cuadrado en cualquier otra posición sigue siendo un cuadrado!

Puede que usted esté pensando que Julián es un genio entre los bebés. Y, de hecho, su sensibilidad para las diferencias sutiles entre formas geométricas es bastante espectacular. Pero si visita el laboratorio de Marcelle Schwartz y R. H. Day, dos de los investigadores de la Universidad Monash de Australia, verá a un gran número de bebés con tanto talento como Julian. Basándose en el hecho de que los bebés de dos meses de edad que se aburren tratando con una sola forma recobran el ánimo al instante cuando se cambia a otra forma diferente, esos investigadores han llegado a la conclusión de que los seres humanos venimos al mundo preparados para encontrar diferencias entre formas geométricas. Las consecuencias de este hecho en el proceso de aprender a leer tampoco son difíciles de ver. ¿Después de todo, qué son las letras sino una colección de formas geométricas? Sí, claro, las letras son mucho más que eso (cada cultura alfabetizada les asigna sus sonidos particulares), pero sin la capacidad de pronunciar desde la letra *A* a la *J*, o de la letra *B* a la *P*, ¡nadie pasaría de la casilla de salida!

Lectura 101

Muchos padres de hoy en día leen para sus hijos mucho antes de esperar que los niños puedan leer por sí mismos. No obstante, alrededor de los cinco años de edad, cuando aprender a leer se convierte en una posibilidad, muchos padres empiezan a modificar sus estrategias de lectura para incorporar un enfoque mucho más orientado a la enseñanza. De una forma bastante natural y sin ser realmente conscientes de los cambios en su estilo de lectura, los padres comienzan a construir andamios para apoyar el desarrollo de la habilidad para la lectura de sus hijos. Si observamos a padres leyendo para sus hijos de cinco años de edad, algunas de las estrategias típicas que escuchamos son las siguientes:

Había una vez una pequeña jirafa llamada... (la madre indica la palabra anticipándola, hace una breve pausa y después continúa) *Spotty. Spotty era una pequeña jirafa muy simpática que vivía en el zoo* (la madre continúa, siguiendo el texto escrito palabra a palabra con el dedo índice). *Tenía muchos amigos maravillosos entre los otros animales, y le gustaba mucho jugar con todos ellos. Un día...* (la madre vuelve a hacer una pequeña pausa, con el dedo encima de la palabra correcta, establece contacto visual con su hijo y después repite con especial énfasis el nombre de la jirafa) *Spotty decidió celebrar una fiesta e invitar a todos sus amigos. Invitó a Marty el mono, a Bobby el oso, a Freddie el flamenco y a Herbie el hipopótamo.* (Cuando lee las palabras *mono, oso, flamenco* e *hipopótamo,* la madre señala cada una de las palabras y el dibujo del animal correspondiente, ofreciendo a su hijo múltiples oportunidades para el aprendizaje de las asociaciones entre palabras y objetos.)

Aproximadamente a esta edad los padres comienzan a «enseñar» de forma inconsciente a leer a sus hijos y después esperan y se preguntan si su hijo aprenderá a leer con facilidad, si se convertirá en un buen lector e, igualmente importante, si disfrutará de la lectura. Esas preocupaciones no son ilógicas, ya que la lectura es sin duda una de las habilidades académicas más importantes que un niño debe dominar para tener éxito a lo largo de su vida. La lectura, más que cualquier otra habilidad, es la clave para el aprendizaje de cualquier disciplina académica. En cualquier asignatura, ya sea matemáticas, ciencias naturales o ciencias sociales, la lectura resulta básica a lo largo de la jornada escolar de un niño. Y no importa el potencial que tenga un niño para esas asignaturas, sin un buen nivel de lectura sus oportunidades serán limitadas. Para que la escuela le vaya bien, un niño tiene que leer bien. Cuando llega la hora de evaluar, los niños que leen mal o demasiado despacio tienen una desventaja considerable.

La capacidad de leer correctamente es también esencial en casi todas las facetas de la vida adulta. Muchos padres son conscientes de que una buena capacidad de lectura abre las puertas de la educación superior y de las carreras profesionales. Por consiguiente, lo que más desean es que su hijo sea capaz de leer correctamente. Por desgracia, muchos padres desconocen que el momento óptimo para construir unos buenos fundamentos para la lectura es anterior a los cinco años de edad, así que tienden a pensar muy poco en las habilidades de lectura de sus hijos hasta que no se aproximan a la edad escolar. Si se quiere que un niño lea lo mejor posible, tiene que llevar a cabo una gran cantidad de preparación antes del primer gran día de escolarización.

Como le pueden explicar la mayoría de profesores, la capacidad de leer se desarrolla normalmente en varias etapas durante el curso de la vida escolar de un niño. En cada etapa existe una tarea específica de desarrollo que se debe aprender a dominar. Por lo general, entre los cinco y los siete años los niños comienzan a desarrollar lo que se conoce como habilidad de recodificación fonológica. En esta etapa el niño aprende a traducir letras en sonidos y comienza a combinar sonidos para formar palabras. Una vez que

Tito sabe que Aidan, de dos años de edad, es demasiado pequeño para empezar a leer y que necesita mucha preparación antes de que pueda dominar esa habilidad. Pero Tito sabe cómo ayudar a Aidan, proporcionándole muchas experiencias maravillosas con libros durante sus primeros años de vida.

el niño sabe recodificar fonológicamente, lo siguiente que debe aprender es a identificar palabras individuales más rápidamente para así ser capaz de leer con fluidez. La fluidez en la lectura empieza a desarrollarse de forma habitual durante el transcurso del tercer y cuarto año de escolarización, pero incluso a esas edades la lectura es una conducta a adoptar antes que una herramienta para recopilar información. No es hasta que el niño tiene unos diez años de edad que la lectura comienza a ser útil en el proceso de aprendizaje, e incluso entonces sólo de una manera limitada. Al final, hacia los catorce o quince años, los niños empiezan a comprender la información escrita de una forma parecida a la de los adultos. Las habilidades cognitivas avanzadas, combinadas con un conocimiento profundo de la historia, la economía y la política, permiten a los adolescentes entender las sutilezas y los matices de las formas complejas de literatura. Sólo entonces los lectores adolescentes son capaces de apreciar la multiplicidad de perspectivas que presenta la información impresa.

Resulta obvio que extraer información del texto escrito es el objetivo final de la lectura. Para lograrlo, el niño debe dominar ciertas habilidades básicas. Deténgase por un momento y considere alguna de las habilidades preliminares que tiene que adquirir un niño para leer. En primer lugar, debe saber cómo seguir la dirección en la que se extiende el texto. En nuestro idioma la lectura avanza desde el extremo izquierdo hasta el extremo derecho, y vuelve al principio en el extremo izquierdo de cada una de las siguientes líneas. Un lector también tiene que ser consciente de que los espacios entre las secuencias de letras determinan el final de una palabra y el comienzo de la otra. Y dentro de cada palabra, un lector debe ser capaz de identificar cada letra y diferenciar su sonido independiente y también su sonido al combinarse con otras letras, como con la *g* o la *c*. No hay duda de que ésas son tareas pesadas. Pero muchos niños aprenden estas habilidades bastante antes de llegar a la edad escolar. En concreto, es durante el período comprendido entre el nacimiento y los cinco años de edad, lo que se conoce habitualmente como *etapa prelectura*, cuando el niño construye los fundamentos básicos para una lectura más funcional.

Parece ser que algunas de las habilidades de la etapa prelectura se aprenden sin que supongan esfuerzo alguno, como si el niño tuviera algún tipo de predisposición natural a leer. Usted podrá hallar pruebas de algunas de estas capacidades precoces la próxima vez que su hijo haga garabatos en la pared de su salón con un rotulador de color rojo. Antes de que usted se vuelva completamente loco y se disponga a limpiarlo, respire hondo, cuente hasta diez y después estudie su obra maestra durante unos minutos. Lo más probable es que esté contemplando la prueba de que su hijo ya tiene algún tipo de idea sobre los conceptos básicos de la alfabetización. Aunque él realmente no sabe cómo escribir las letras del abecedario, su escritura garabateada no sólo se extiende en la dirección correcta, sino que también está segmentada en partes del tamaño de una palabra. Otras habilidades de la etapa prelectura, como la de reconocer las letras o la de comprender que las palabras están construidas con sonidos individuales, son tareas que resultan más difíciles de dominar al aspirante a lector. No obstante, teniendo en cuenta lo que sabemos sobre la capacidad que tienen los pequeños de reconocer formas rudimentarias, la tarea puede resultar más sencilla de lo que se creía, sobre todo si un bebé tiene oportunidades para ejercitar sus neuronas.

El espectáculo de Julian continúa

Recuerde la increíble demostración del conocimiento de las formas de Julian, con sólo dos meses de edad. Si Julian todavía no habla, ¿cómo es posible que pueda «explicar» a los investigadores que él sabe que un cuadrado es diferente de un triángulo o un rectángulo? Los investigadores Schwartz y Day descubrieron que realmente era muy sencillo ver la respuesta en los ojos de Julian. Utilizando un proyector de diapositivas, en primer lugar mostraron a Julian la imagen hecha con líneas de un cuadrado durante exactamente veinte segundos. Proyectaron la misma diapositiva una y otra vez en una pantalla situada directamente frente a él, durante veinte segundos cada vez. ¿Y qué es lo que los investigadores vieron hacer a Julian? Bueno, ¿qué haría usted si estuviera en la sillita de bebé de Julian? Se aburriría y comenzaría a desconectar del espectáculo. Y eso es exactamente lo que hicieron Julian, y los demás bebés como él. Después de varias exposiciones del cuadrado, resultaba evidente al mirar los ojos de Julian que él ya no miraba la imagen. Julian había desconectado o, como prefieren decir los científicos, se había «habituado» al cuadrado. Del mismo modo que usted oye a las personas que viven junto a una vía del tren proclamar que ellos nunca se dan cuenta de que pasa el tren, lo que Julian estaba diciendo básicamente era: «¿Qué cuadrado? No veo ningún cuadrado». Cuando estuvieron seguros de que Julian se había «habituado», Schwartz y Day cambiaron la imagen. Le mostraron entonces una diapositiva de un triángulo. ¿Y cuál fue su reacción? Lo ha adivinado, él comenzó de nuevo a mirar atentamente la pantalla como si dijera: «¡Eh, espera un minuto! Esto no es un cuadrado. Esto es algo nuevo e interesante».

La letra R patrocina este capítulo

Encienda el televisor cualquier día laborable por la mañana y entrará en *Barrio Sésamo*, también conocido por los profesores de preescolar como «la ciudad del reconocimiento de letras». Los productores de este exitoso programa han dado con una auténtica mina de oro para el aprendizaje entre el público en edad preescolar. El reconocimiento de letras es uno de los prerrequisitos más importantes para aprender a leer. Mientras que las letras por separado no son más que combinaciones únicas de formas geométricas, juntas forman un gran número de palabras en cada uno de los diferentes idiomas. Segmentos horizontales, segmentos verticales, círculos, curvas y diagonales dispuestos de muchas maneras para formar letras *A* y *B* y *C*, por nombrar sólo algunas.

Contempladas desde el punto de vista de un niño, estas formas sencillas, cada una de ellas con su propio nombre, no son realmente diferentes de ninguna de las demás formas, como pelotas o cubos. Y no resulta más difícil aprender el nombre de una letra que aprender la denominación de los calcetines y los zapatos, o de los pájaros y las abejas. Sólo requiere práctica. Los

Puede reclutar a los abuelos o a los hermanos mayores para que le ayuden a facilitarle a su bebé oportunidades de aprender acerca de los libros. Experiencias como ésta crearán recuerdos especiales y un fuerte vínculo emocional con Necy que enriquecerá para siempre la vida de Jordan.

adultos, sin embargo, se quedan mucho más impresionados cuando un niño de dos años nombra de forma correcta una *P* o una *T* que cuando nombra correctamente un *gatito* o una *flor.* ¿Por qué? Nos causa mayor impresión porque, como personas alfabetizadas, comprendemos la función más compleja que cumplen las letras en términos de la contribución de sus sonidos individuales a las palabras y asumimos erróneamente que el niño es más complicado de lo que es en realidad. Para un niño, las *Q* y las *B* no son muy diferentes de las *ardillas* y los *árboles.*

Con la ayuda de la madre y el padre, del abuelo y de la abuela, del hermano y de la hermana mayor (y no nos olvidemos de *Barrio Sésamo*), muchos niños aprenden a reconocer la mayoría de las letras antes de llegar a la edad escolar. Este hecho no resulta demasiado sorprendente, a la vista de los hallazgos de Schwartz y Day, que prueban que incluso los bebés más pequeños son capaces de distinguir formas geométricas diferentes. Pero hay algo más interesante. ¿Recuerda que los bebés del estudio de Schwartz y Day sabían que un cuadrado o un rectángulo seguía siendo lo mismo aunque se girara en otra dirección? Esto indica que los bebés de dos meses de edad reconocen la constancia de las formas, con independencia de su orientación. Después de todo, en contextos diferentes al de la lectura, un objeto no pierde su identidad cuando se gira en una dirección diferente. Mamá sigue siendo mamá ya esté mirando hacia la izquierda o hacia la derecha, y Fido sigue siendo el perro de la familia ya esté persiguiendo una pelota o estirado sobre su espalda para que le acaricien la barriga. Eso mismo ocurre con la mayoría de las letras, con algunas excepciones. Una *b* y una *d*, y también una *p* y una *q* escritas en minúscula tienen prácticamente la misma forma, pero giradas siguiendo diferentes orientaciones. Así que basándose en los hallazgos de Schwartz y Day, ¿qué se puede predecir acerca del reconocimiento precoz de las letras? Usted probablemente predeciría que los niños pequeños reconocerían las letras del alfabeto con facilidad, con la excepción de las letras b, d, p y q. Y son ésas exactamente las letras que más confunden a los niños pequeños, a veces hasta que llegan a los siete u ocho años. Mientras que el reconocimiento de las formas sencillas puede ser el resultado de alguna capacidad innata, cuando las letras no cumplen la suposición automática de que la orientación es irrelevante, tiene que producirse un aprendizaje específico para superar esa tendencia natural.

Así pues, los padres no sólo deben vigilar sus *p* y sus *q* cuando sus hijos son pequeños, sino que también deben ayudar a sus hijos a que hagan literalmente lo mismo. A continuación le presentamos algunas ideas para ayudar a su bebé a ejercitar su capacidad natural de diferenciar formas y también para enseñarle la típica de la «vieja excepción a la norma».

Consejos para padres

• A PARTIR DEL NACIMIENTO

Obtener el máximo provecho de la inclinación natural del bebé a «comparar y contrastar» es fácil. Simplemente tiene que pegar dos imágenes

La inclinación natural de Katherine por «comparar y contrastar» se ve estimulada por dos imágenes de uno de sus personajes favoritos, Barney. Experiencias precoces como ésta permiten que los bebés distingan las diferencias sutiles existentes entre formas similares, preparando el terreno para el reconocimiento de las letras.

de alguno de sus personajes favoritos, en lugar de sólo una, en una pared cerca de la cuna o de la trona del bebé. Entonces modifique alguna imagen. Por ejemplo, el simple hecho de añadir una barba y un bigote a una de las dos imágenes del personaje le dará a su bebé algo en lo que pensar.

• A PARTIR DE 6 MESES

Nunca es demasiado pronto para que su bebé vea letras. Después de todo, las imágenes de las *A* y las *B*, las *H* y las *G*, o las *M* y las *P* no son en realidad muy diferentes de las imágenes de manzanas y pelotas, de sombreros y cabras, o de lunas y calabazas. Para un bebé, todas ellas son simplemente formas. Si son de colores vistosos y están colocadas en un lugar destacado de la habitación del bebé, hasta las letras Q y Z pueden ser adornos atractivos. Como habitualmente no pensamos en mostrar letras a los bebés, es poco probable que pueda encontrar imágenes de este tipo en las tiendas de su ciudad. Pero diseñar sus propias creaciones requiere tan sólo unos pocos minutos, un poco de papel, algunos rotuladores, un poco de purpurina y una mente llena de imaginación. Así que inténtelo. Aunque al principio pueda parecer extraño, verá que descripciones como «¿Ves esa Q roja y ondulada? Es una letra bonita» pronto serán historia.

• A PARTIR DE 12 MESES

Convierta su casa en un *Barrio Sésamo*. «La letra K patrocina esta semana.» (O, si usted está tan ocupado como nosotras, pruebe con «este mes».) Existen muchas maneras de incorporar la letra semanal a las actividades diarias de su bebé. Las siguientes son algunas de las que hemos escogido:

- Recorte letras de cartulina de colores vistosos y cuélguelas por toda la casa.

- Forme la letra de la semana con cereales o uvas pasas.

- Utilizando la técnica de la «cara sonriente», convierta el almuerzo de su hijo en una experiencia de reconocimiento de letras.

- Dibuje una letra con espuma de jabón en la pared de la bañera. Diga cuál es, después límpiela y repítalo.

- Coloque pintura en una bandeja. Dibuje una letra en ella utilizando el dedo índice de su bebé.

Realmente resulta muy sencillo imaginar formas de hacer que las letras constituyan a diario una parte del entorno de su bebé sin que sea algo demasiado académico. Recuerde, la idea es proporcionar al cerebro de su bebé algo de «alimento para el pensamiento» que él pueda digerir de forma natural dentro de su propia agenda. Estos consejos no están pensados para *enseñar* el reconocimiento de letras a su bebé.

Cuando su bebé empiece a mostrar interés por el dibujo, usted puede aprovecharse de la forma de las letras para dibujar una gran variedad de imágenes elementales pero creativas. A la mayoría de los niños de dos años les encanta este juego y, en cuanto comprenden el concepto, añaden una línea o un garabato por su cuenta. El juego funciona así. Comience con cualquier letra mayúscula. (Las mayúsculas son el punto de salida para que los niños empiecen a reconocer letras.) Dibuje la letra, por ejemplo una *R*, en un trozo de papel, y diga algo parecido a lo siguiente: «Aquí tenemos una *R*. ¿Qué crees que podemos hacer con una *R*?». Utilice sus ideas para transformar diversas letras en imágenes elementales, o cree sus propias imágenes. Empiece con unas cinco letras, y practique el juego durante un par de semanas sólo con esas letras. Puede formar muchas imágenes diferentes con cada letra. Después comience a añadir una nueva letra al conjunto ya conocido. Éste es el juego perfecto para el rato durante el que esperan que les sirvan la comida en un restaurante porque allí hay muchas servilletas de papel a su disposición. Hemos reproducido algunas de las creaciones que hemos utilizado con nuestros propios hijos y nietos.

Jugar a dibujar letras es muy divertido y ayuda a los niños pequeños a reconocer las diferentes curvas y contornos que diferencian la letra *A* de la *V* y la *C* de la *D*. Aquí tiene algunos ejemplos. Vea qué gran cantidad pueden crear su hijo y usted.

¡ÚLTIMAS NOTICIAS!

Repetir las canciones infantiles ayuda a la lectura, anuncian los expertos

Oxford, Inglaterra. Los padres tienen mucho más que agradecer a viejas canciones como las de Mamá Ganso de lo que nunca hubieran sospechado, de acuerdo con el estudio llevado a cabo en la Universidad de Oxford. De hecho, si los protagonistas de estas canciones fuesen miembros en la vida real del gremio de actores en lugar de personajes de ficción de canciones infantiles, no hay duda de que estarían presionando mucho para obtener un aumento de sueldo. Y lo merecerían, afirman Morag Maclean, Peter Bryant y Lynette Bradley, cuyo estudio sobre las canciones infantiles hace que los padres se lleven de las estanterías los libros de Mamá Ganso en cifras récord.

¿A qué se debe esa emoción? Parece ser que saber canciones infantiles constituye una preparación fantástica para aprender a leer. La razón, dicen los investigadores, es que las palabras que riman comparten los sonidos que las componen (como *pared* y *caer*) en la clásica descripción del destino del pobre Humpty Dumpty). Al colocar parejas de palabras como ésas en posiciones muy destacadas, las canciones infantiles atraen la atención del niño sobre este hecho. Cuanto mayor sea el número de canciones infantiles a las que se expone al niño, obviamente será mayor también el número de ejemplos de parejas de palabras que él o ella escuchará. En Humpty Dumpty no sólo están *pared* y *caer*, sino también *prisa* y *risa*, entre otras muchas. Si se proporcionan los suficientes ejemplos a un niño, resulta relativamente sencillo que éste dé el siguiente paso y comprenda que todas las palabras están formadas por sonidos. En el mundo de la investigación de la capacidad de lectura, esta comprensión se conoce como *conciencia fonémica*, y sin ella serían imposibles las asociaciones entre letra y sonido en las que se basa la lectura para tener sentido.

Así pues, saluda a Mamá Ganso,
y al doctor Seuss también,
por haber trabajado sin descanso,
¡para que los niños lean tan bien!

Una mirada más atenta sobre la rima y la lectura

La conciencia fonémica, igual que el reconocimiento de letras, es una de las habilidades de la etapa previa a la lectura que suponen un mayor desafío para los niños pequeños y que deben dominar antes de ir al colegio. Hasta hace poco tiempo se creía que, aunque los niños utilizan correctamente el lenguaje antes de los tres años, no son conscientes en absoluto de que cada vez que ellos dicen o escuchan una palabra, están diciendo o escuchando una combinación única de sonidos individuales. Hoy en día se cree que los niños adquieren la conciencia fonémica mucho antes de los cinco años, principalmente a través de experiencias que no tienen nada que ver con la lectura (al menos no en el momento en que se producen).

De hecho, los investigadores de Oxford hallaron que algunos niños de sólo tres años ya eran conscientes de que las palabras están formadas de sonidos. Ellos tenían mucha curiosidad por saber cuál era la razón por la que esos niños eran diferentes. Tras pasar quince meses estudiando a sesenta y seis niños obtuvieron algunas respuestas. Lo que descubrieron los investigadores fue que cuanto mayor era el conocimiento de las canciones infantiles que tenían los niños, mayor era también su conciencia fonémica. Por lo tanto, la exposición a las canciones infantiles juega un papel importante a la hora de atraer la atención del niño hacia los sonidos que componen las palabras. Parece ser que las palabras que riman, más que las que no riman, sirven para enseñar a los niños que las palabras diferentes pueden compartir los mismos sonidos. Y lo que hace que este hallazgo sea aún más importante es que cuanto mayor sea la conciencia fonémica de un niño, mejor será su posterior habilidad para la lectura.

Es posible que usted se pregunte por qué la conciencia fonémica ayuda a la lectura. Lo más probable es que se deba a la manera en que se utiliza para enseñar a leer a los niños. Cuando los niños empiezan a recibir una instrucción formal de lectura, se les ofrecen muchas oportunidades para aprender los sonidos que se producen con cada letra. Y cuando los niños del jardín de infancia entrenan su conciencia fonémica, su habilidad en la lectura mejora significativamente. Pero conocer el sonido individual de cada letra no es muy beneficioso, a no ser que el niño sea capaz de agrupar esos sonidos en palabras. La conciencia fonémica (la capacidad de diferenciar los sonidos que componen una palabra *dentro* de la misma) es un elemento clave en el desarrollo de la capacidad de un niño para agrupar sonidos que *formen* palabras y así ser capaz de leer.

Por lo tanto, desempolve sus viejas copias de Mamá Ganso y deles una oportunidad. Y si usted no puede tolerar que su hijo tenga que conocer a la vieja señora que vivía en un zapato y «azotaba a sus hijos con un gran estruendo y después los metía en la cama», sólo tiene que cambiar esas palabras por las más políticamente correctas «los abrazó con gran vigor».

Si usted se llega a encontrar
una rima demasiado anticuada,
¡no abandone!, póngase a pensar.
Crear una nueva no costará nada.

¡Seguro que es mejor que las tarjetas con ilustraciones!

Los métodos que han utilizado los investigadores para estudiar el desarrollo de las habilidades de la etapa prelectura de los niños nos facilitan algunas ideas creativas para atraer la atención de su hijo hacia los sonidos de las palabras. De hecho, esas ideas son tan interesantes que las hemos adaptado para que usted las pueda utilizar y las hemos incluido aquí en forma de consejos.

Consejos para padres

• A PARTIR DEL NACIMIENTO

Para ayudar a que su bebé coseche los beneficios de la rima desde el momento de su nacimiento, a la hora de dormir cántele canciones de cuna como las clásicas «Luna lunera» o «Duérmete niño». Incluya en sus actividades diarias juegos y canciones que tengan muchas palabras que rimen. Ponga especial énfasis en los pares de palabras que rimen para captar su atención. Utilice imágenes de diversos objetos cuyos nombres rimen para construir un juguete móvil casero y cuélguelo sobre la cuna como recordatorio de que las palabras que riman estimulan la conciencia fonémica. Algunos de los posibles candidatos para el juguete móvil son *gato, zapato, silbato* y *pato* o *avión, camión, león* y *melón*.

• A PARTIR DE 6 MESES

Aunque usted puede empezar a leer para su bebé antes de los seis meses, es aproximadamente a esta edad cuando los bebés comienzan a

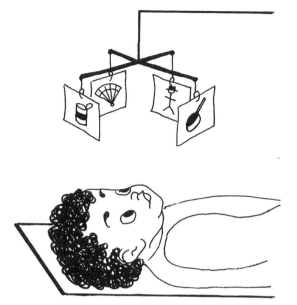

Los bebés de cualquier edad se sienten atraídos por el ritmo cantarín de las palabras que riman, y cuanto más expuestos a ellas estén, mejor será su capacidad de lectura. Colgar un juguete móvil con palabras que rimen encima de la cuna le recordará que debe proporcionar a su hijo un rato divertido con las rimas antes de dormir.

mostrar algo de interés por los libros, aunque al principio sea como algo nuevo que meter en su boca. Éste es un buen momento para utilizar sus nuevos conocimientos sobre las canciones infantiles. Escoja libros de canciones infantiles que contengan imágenes vistosas y llenas de color que le ayuden a atraer la atención de su bebé. Combine las palabras que rimen con las experiencias divertidas. El aprendizaje y la memoria aumentan cuando se estimulan las emociones. Cuando las experiencias se acompañan de emociones intensas se codifican de una manera más significativa. Puede sacar provecho de este fenómeno acompañando las rimas de experiencias divertidas y emocionantes. «¿Qué es lo que veo? ¡Un pequeño y dulce be-beé!», y añada unas caricias en la barriga para provocar una emoción positiva. Inténtelo con el viejo clásico «Arre borriquito» junto con el paseo en burro montado en sus rodillas. Y procure que haya mucho movimiento y diversión. Después de todo, para el niño ¡ésa es la mejor parte!

• A PARTIR DE 6 MESES

Aproximadamente a los seis meses de edad los bebés comienzan a sentirse muy interesados por los sonidos del lenguaje. Aunque hace un par de meses que balbucean vocales con la boca abierta, es en esta época cuando comienzan a utilizar sonidos de consonantes. Estos sonidos precoces del lenguaje se suelen denominar «balbuceos». A partir de que su hijo balbucee es muy probable que usted pueda escuchar muchas veces sus «prácticas», en especial durante esos maravillosos momentos en los que el bebé acaba de despertar de una siestecita y juega en su cuna: «Ba, ba, ba, ba», «ma, ma, ma, ma». Busque oportunidades para unirse a él y juegue a rimar balbuceos. Comience imitando los que él empiece y después inicie algunos usted mismo. Haga una pausa después de algunas series y pase el turno a su bebé. Estamos seguras de que él estará fascinado por lo que usted haga, aprenderá rápidamente el patrón y comenzará a aportar su parte al juego. Modifique los sonidos cambiando el sonido consonante o el sonido vocal mientras mantiene el otro invariable. Por ejemplo, inténtelo con «ga, ga, ga». Después de algunas rondas, cambie a «ba, ba, ba» y después «ma, ma, ma». Después cambie el sonido vocal e intente «mo, mo, mo» y «po, po, po». En los turnos siguientes tome la iniciativa en unos y después imite a su bebé en los otros. Esto le ayudará a incrementar su conciencia fonémica, y favorecerá las habilidades sociales como el respeto de los turnos.

• A PARTIR DE 12 MESES

Dé a su bebé nuevas oportunidades de escuchar palabras que rimen colocando imágenes de objetos con nombres que rimen (como *mano* y *piano* o *bastón* y *ratón*) en la pared junto al cambiador, en la pared del baño o en la bandeja de la trona. Construya un mantel individual para utilizarlo durante las comidas con cartulina, una hoja de papel laminado e imágenes recortadas de una revista. Utilice objetos relacionados con los alimentos como *cocina* y *sardina* o *limón* y *jamón*. O utilice animales que le gusten especialmente a su bebé o alguna cosa en la que él esté interesado y le guste mirar. Todas estas cosas servirán no sólo para recordarle que debe utilizar palabras que rimen, sino que también proporcionarán a su bebé oportunidades para experimentar las asociaciones entre imagen y sonido. Introduzca imágenes de objetos con características que rimen, como *pescado cocinado*, *zapato barato* o *pelota rota*. O utilice combinaciones como el *león* en el *salón*, una *niña* con una *piña* o un *amigo* que come *trigo*. Sólo tiene que usar su imaginación para crear combinaciones divertidas que aumenten las oportunidades de asimilar los sonidos que constituyen la diversidad de las palabras sencillas.

• A PARTIR DE 24 MESES

A medida que se convierten en personas ligeramente más complejas, los niños disfrutan de manera especial con las rimas y las canciones que se pueden repetir una y otra vez con nombres diferentes en cada ocasión. Algunas de las que pueden utilizar son:

Tralalalarín, tralalalarón.
Brandon jugaba con su ratón.
Tralalalarín, tralalalarón.

Mientras Leannie tocaba el saxofón.

y...

Mamá y papá se fueron al mar
Montados en su barquito.
Mamá pescó un calamar,
Y papá pescó un pececito.

Repita la rima una y otra vez, y los bebés le proporcionan cada vez nuevas parejas formadas por nombres de miembros de la familia o amigos. No sólo supone una gran manera de sacar el máximo rendimiento de un par de canciones infantiles sin volverse completamente chiflado, sino que también es un estímulo maravilloso para las habilidades de memoria de los niños y hace que una típica experiencia de escucha pasiva sea una participación activa por parte del niño. Y además puede convertir un viaje en coche largo y aburrido en una jornada ágil de bromas y risas.

• A PARTIR DE 30 MESES

Este consejo es una adaptación de los métodos de investigación de Maclean, Bryant y Bradley. ¿Recuerda que ellos estaban interesados en averiguar si los niños pequeños podían comprender que algunas palabras comparten sonidos y por lo tanto *riman*? Uno de los juegos que practicaban los investigadores con los niños puede resultar divertido si usted lo practica en casa con su propio hijo. Se llama «cuál sobra». Funciona así: diga tres palabras a su hijo, dos que rimen y una que no. Pídale que le escuche atentamente y que le diga cuál es la palabra del grupo que no suena como las otras dos. Después de un poco de práctica y unos cuantos meses más bajo su amparo, él será capaz de cambiar los papeles y poner a prueba su oído. Este juego es muy útil en los viajes en coche, en la cola de la caja de la tienda de alimentación o en cualquier lugar en el que usted crea que tiene que mantener entretenido a su hijo porque ha olvidado llevar un libro o un juguete. Aquí tiene algunos grupos de palabras para que se inicie:

luna, cuna, pie	pez, ola, bola	tubo, fresa, mesa
sala, mala, mano	sopa, ropa, casa	beso, piña, queso,
uva, ojo, rojo	caja, paja, coche	

Esperamos que encuentre este juego lo suficientemente divertido como para que usted cree muchos, muchos más grupos de palabras.

¡ Ú L T I M A S   N O T I C I A S !

Los bebés que utilizan los signos del bebé muestran «signos» precoces de amor por los libros

Salt Lake City, Utah. No hay ninguna duda: a Emma, de catorce meses de edad, le encantan los libros. De hecho, según Kevin, su orgulloso padre, Emma prefiere sentarse en su regazo con un libro antes que jugar con sus juguetes, aporrear el piano e incluso, milagro entre los milagros, ver la televisión. «Creía que Emma sería igual que los demás niños de su edad hasta que comencé a llevarla a un grupo de juego tres días a la semana. Claro, todos los niños se fijarán en los libros si sus padres los inician, pero en la realidad no veo el mismo entusiasmo y paciencia que veo en Emma.» Pida a Kevin que le explique la fascinación de su hija por los libros, y él le responderá con rapidez: «Creo que se debe a que cuando Emma y yo nos sentamos con un libro, la conversación no se limita a un solo sentido, donde yo leo y ella escucha. Es más democrático. Ella sabe explicarme qué es lo que estamos viendo utilizando los signos del bebé. Y, a veces, ¡ella incluso me explica qué es lo que va a suceder en la próxima página!».

¿Signos del bebé? Sí, eso es. Emma forma parte de la nueva generación de bebés a los que se ha enseñado a utilizar gestos sencillos, conocidos como signos del bebé, como sustitutos de palabras importantes que ellos no pueden pronunciar aún. Janee, su madre, oyó hablar por primera vez de la idea cuando Emma tenía diez meses de edad. Kevin se sentía un poco escéptico al principio, pero se convirtió en un firme creyente cuando Emma comenzó a entender la idea. «Los primeros signos que le enseñamos fueron los que necesitaba para evitar sentirse frustrada, como dar una palmada con los dedos juntos para decir *más*. Pero desde entonces hemos añadido signos para un gran número de objetos y de animales, y parece que fue entonces cuando comenzó realmente a disfrutar de los libros.» No es ninguna sorpresa que el signo del bebé que le enseñaron para *libro* (abrir y cerrar las manos como si fueran las cubiertas) sea hoy en día unos de sus signos favoritos. Y, como explica Kevin, cuando ella lo combina con la palmada con las yemas de los dedos juntos, sin duda alguna el mensaje es: «¡Papá, vuelve a leer el libro!».

Suben los tipos de interés (por los libros). ¡Bien!

La historia de Emma se hace eco de lo que hemos escuchado decir a muchos padres durante los dieciséis años que hemos pasado estudiando los signos del bebé en nuestro laboratorio de la Universidad de California, en Davis. Una y otra vez los padres han comentado lo mucho más interesados en los libros que están sus hijos que utilizan los signos del bebé, que sus hermanos mayores cuando tenían la misma edad. Aunque puede parecer que el *nivel de interés* de un niño no es un factor tan fundamental para tener una buena capacidad de lectura como reconocer las letras y conocer sus sonidos, la investigación ha demostrado que sirve para predecir con claridad el desarrollo de la lectura que tendrá un niño. Los lectores precoces, esos niños de corta edad que leen bien, destacan en muchos aspectos cuando se les compara con la media de los lectores. Los lectores precoces, por lo general, tienen un conocimiento verbal superior a la media y una buena memoria a corto plazo, y dominan las habilidades previas a la lectura a una edad muy temprana. Parece ser que están más en sintonía con las imágenes y los sonidos del texto escrito. Pero además de esas características, los lectores precoces también demuestran un nivel significativamente más alto de *interés* por los libros.

¿Y por qué se convierte un niño en un mejor lector por el simple hecho de estar muy interesado en los libros? Después de todo, el interés por sí solo no siempre se traduce en una habilidad superior. Como puede atestiguar el marido de Susan, ella siente mucho interés por cantar, ¡pero su nivel de interés ciertamente no ha supuesto mucho alivio para sus oí-

Se ha descubierto que el nivel de interés por los libros de un niño sirve para predecir su desarrollo respecto a la lectura. Dado el amor por los libros que siente Madison, de tres años de edad, es muy probable que ella domine las habilidades previas a la lectura a una edad muy temprana y se convierta en una lectora precoz.

dos! La razón más probable está relacionada con la edad a la que ella se ha interesado finalmente por cantar. Ella comenzó a *intentar* cantar cuando llegó a la adolescencia y descubrió los placeres de la música rock. Fue entonces cuando su cerebro envió el siguiente mensaje de error: «Petición denegada por haber sido presentada fuera de plazo. Todas las sinapsis tonales disponibles están colaborando con otras habilidades en este momento».

Por otro lado, cuando un bebé desarrolla un interés precoz por los libros, sus conexiones sinápticas están a la expectativa, preparadas y esperando para desempeñar su misión. Si las sinapsis pudieran hablar, podríamos escuchar respuestas como éstas cada vez que una de ellas acudiera al servicio: «Nos encargaremos de la dirección del texto» o «Escuchad, tenemos cubierto el reconocimiento de letras» o «Nos acercamos a la conciencia fonémica». Pero las sinapsis sólo acuden a servicios como éstos cuando el bebé tiene una «experiencia precoz con los libros». Y cuanto más se ejerciten las neuronas de la «lectura», más se reforzarán sus conexiones. El reto para los padres consiste en ayudar a sus hijos a desarrollar un gran interés por los libros a una edad temprana para así estimular las neuronas de la lectura. Y, como pueden explicarle la mayoría de los padres de un activo niño de un año, «¡ésa no es una tarea fácil!».

No tenga miedo, ¡los signos del bebé están aquí!

No importa lo saturada de videojuegos y películas que esté la vida de nuestros hijos, los libros y una buena capacidad de lectura juegan todavía un papel fundamental en el buen desarrollo de cualquier niño. Así que, aunque lo más seguro es que los padres de hoy en día tengan que afrontar una ardua batalla, la recompensa habrá valido la pena. Es en este momento cuando los signos del bebé le pueden ayudar a dirigir a su hijo hacia un buen inicio. Con los signos del bebé a su alcance, incluso los bebés de un año pueden tener un papel activo en la «lectura». Desde luego, esto no significa que los bebés puedan leer un libro de forma literal, pero sí significa que ellos puedan nombrar a un personaje y describir algunas de las cosas dibujadas en cada página. Sólo tiene que echar un vistazo a la siguiente transcripción de las interacciones entre Gina, una madre, y su hija Alexis, de quince meses y usuaria de los signos del bebé, durante una sesión de lectura de un libro:

«¡Muy bien, Megan, eso es una rana!» Según Beth, la madre de Megan, de doce meses de edad, en cuanto Megan aprendió unos cuantos signos del bebé sencillos, su interés por los libros comenzó a aumentar realmente. Incluso empezó a crear algunos signos del bebé propios, como éste, que designa a su «libro de la rana».

Gina: «Una mañana muy temprano el viento hizo volar a una araña a través del campo y ésta se pegó a una cerca.»

Alexis: (*Frota dos dedos juntos.*)

Gina: Muy bien, es una araña. «"Jiiiii, jiiii", dijo el caballo. "¿Te gustaría dar un paseo?"»

Alexis: (*Estira los dedos y gira la mano por la muñeca.*)

Gina: Oh, ¿ves una mosca? La mosca aterrizó en la cola del caballo. «Pero la araña no respondió. Estaba demasiado ocupada tejiendo su tela.»

Alexis: (*Frota dos dedos juntos.*)

Gina: Ajá, la araña está ocupada. ¿Ves la telaraña justo ahí?

Alexis: (*Pone sus dos dedos índice en los lados de la cabeza.*)

Gina: ¿Eso es una vaca? «"Muuu, muuu", dijo la vaca. "¿Te gustaría comer un poco de hierba?" Pero la araña no respondió. Estaba demasiado ocupada tejiendo su tela.»

Aunque Micaelan, de doce meses de edad, todavía no habla, utiliza sus signos del bebé para tomar parte activa en la lectura de libros con su madre. Una participación activa como ésta no sólo aumenta el interés del niño por los libros, sino que también le proporciona horas y horas llenas de cariño en el regazo de sus padres.

No hay ninguna duda, Alexis está indudablemente interesada en el libro. Y Gina nos explica que el interés de Alexis no se limita a este libro. Tiene muchos libros preferidos que «lee». E incluso puede decir a Gina cuál es el siguiente libro que quiere leer. Utilizando los signos del bebé para representar *libro, más, vaca* y *araña*, Alexis está asumiendo de forma evidente un papel activo en la lectura del libro y estableciendo conexiones entre las neuronas de la red sináptica que ayudarán a esta pequeña futura bibliófila durante el resto de su vida.

En realidad, nunca es demasiado pronto para empezar a introducir a su bebé en el mundo de los libros. Después de todo, lo peor que puede ocurrir es que le ignore. Pero al empezar a una edad temprana, usted no desaprovechará ninguna oportunidad de captar su interés, en especial si usted tiene los signos del bebé a mano. Aquí tiene algunas ideas que le ayudarán a aficionarlo a los libros antes de que el virus Nintendo le ataque.

Consejos para padres

• A PARTIR DE 6 MESES

Comience a incluir los signos del bebé cuando le lea libros con ilustraciones. Asegúrese de pronunciar las palabras al mismo tiempo que utiliza los signos, del mismo modo que haría con *adiós, sí* y *no*. Empiece con conceptos sencillos que se hallan con frecuencia en los libros infantiles, como perritos y gatitos o peces y flores. Lo mejor de los signos del bebé es que usted puede crearlos sobre la marcha. Al utilizar de forma continuada y en todas las situaciones adecuadas un signo del bebé que usted haya creado, su bebé y usted estarán confirmando el acuerdo mutuo de que *esto* significa *eso*. Realmente es muy sencillo, pero si quiere algo de ayuda para iniciarse, eche un vistazo a la parte de «sugerencias para signos del bebé» de nuestro libro *Baby Signs*.

• A PARTIR DE 12 MESES

También le resultará de ayuda crear signos del bebé que representen los libros preferidos de su bebé (como signos para *conejito* y *luna* para utilizarlos con *El conejito Pat* y *Buenas noches, Luna*). De esa forma, su bebé puede comenzar a tener un papel activo a la hora de decidir qué cuento le gustaría leer antes de dormir. Un signo del bebé para *más* también puede ser muy útil. Con este signo a mano, su bebé puede hacerle saber que quiere leer un poco más o incluso que quiere leer la misma página de nuevo. Y, en combinación con el signo del bebé para *libro*, le puede transmitir sus deseos de una forma aún más explícita, como hacía Emma en el relato de las «Últimas noticias».

• A PARTIR DE 12 MESES

Levante una estructura de «andamios» para la lectura de su hijo haciendo una pausa justo en el momento antes de pronunciar la palabra y utilizar el signo del bebé. Por ejemplo, cuando estén mirando un libro que contenga flores, la interacción debería ser parecida a ésta: «Oh, mira qué jardín más bonito. Y, ¿qué son esas cosas? Eso son *flores (gesto de oler)*». Cuando su bebé aprenda el signo para *flor*, él será capaz de asumir su papel y rellenará el espacio en blanco con su propia «palabra». A través de estas experiencias él pondrá en práctica muchas de sus habilidades previas a la lectura y desarrollará una pasión por la lectura de libros que es del todo inusual entre los niños de hoy.

• A PARTIR DE 12 MESES

Cuando su bebé aprenda el funcionamiento de los signos del bebé y comience a entender que los signos representan los objetos que hay en sus libros, será capaz de crear sus propios signos y usted podrá imitarlo. Por ejemplo, una madre nos habló del día en que ella y su hijo estaban hojeando un libro con ilustraciones de los animales del zoo. Ella señaló la imagen de una jirafa y preguntó a su hijo: «¿Qué es eso?», sin esperar realmente una respuesta pero dándole un poco de tiempo para que pensara con rapidez un signo del bebé que representara una jirafa. Pero, para su sorpresa, su hijo «la dejó K.O.». Como si lo hubiera tenido en mente desde el principio, el bebé miró a su madre y se frotó el cuello con la mano. Y, como era una madre observadora, levantó su mano derecha, imitó el gesto del bebé y dijo: «¡Muy bien, eso es una jirafa!». Y para obtener el máximo provecho de una oportunidad tan maravillosa, la madre lo repitió varias veces, ayudando de ese modo a dejar establecido que *ése* era *nuestro* signo para jirafa. La madre no podía ocultar su orgullo cuando describía la manera en que su bebé se convirtió en el diseñador de un nuevo signo y también nos recordó que ésa fue una manera muy ingeniosa de reforzar la creatividad de su bebé y su futuro interés por los libros.

En esta época será cuando usted se dé cuenta de que su hijo comienza a combinar dos o tres signos del bebé para formar pequeñas «frases». Le puede resultar divertido utilizar algunas combinaciones cuando lea para su hijo. Si usted es como la mayoría de los demás padres, se encontrará leyendo *Buenas noches, Luna* una y otra vez, y se aburrirá un poco. Pero si se desafía a ser más creativo e inventar combinaciones de signos del bebé, no sólo aumentará su propio entusiasmo, sino que también proporcionará a su bebé algunas experiencias precoces estimulantes que ayudarán a su desarrollo mental (¡por no mencionar que hará que la lectura sea una experiencia divertida y provechosa para los dos!).

La lectura y el futuro de su bebé

Sin duda alguna, el lenguaje es la característica fundamental a la hora de definir lo que se entiende por ser humano. Y aunque las palabras habladas son con mucho la forma más común de expresión del lenguaje, las palabras escritas le siguen en una cercana segunda posición. Aprender a leer, como aprender a hablar, une las mentes humanas de tal manera que hace palidecer de envidia a las autopistas de la información de Internet. (Después de todo, ¿dónde estaría Bill Gates si no supiera leer?) La lectura, en especial en el mundo de hoy en día, es absolutamente imprescindible para lograr el éxito. La lectura, más que cualquier otra capacidad, es la base del intelecto. Por estas razones, los padres tienen toda la razón cuando se preocupan porque sus hijos no desarrollan las habilidades para aprender a leer.

La preparación que necesita un niño para aprender a leer comienza a partir del nacimiento. En los primeros años de su vida, mucho antes de que un niño sea capaz de discernir el patrón único de sonidos de una combinación particular de letras, las experiencias precoces se ocupan de instruir el cerebro para que éste instale el circuito de conexiones necesarias para facilitar la conducta sorprendente que conocemos como lectura. Ver las letras y escuchar los sonidos resulta vital para el reconocimiento de letras y la conciencia fonémica (tan vital, de hecho, que sin experiencias que estimulen el desarrollo de estas dos habilidades básicas, la lectura no será posible). Esto no significa que usted tenga que buscar tarjetas con ilustraciones o clases extras. Simplemente significa que un bebé tiene que experimentar las imágenes y sonidos rudimentarios de las palabras escritas.

7

Contar es importante: pensando en los números

Un bebé de cinco meses sabe sumar, dice su padre, orgulloso

Tucson, Arizona. Aunque es evidente que es demasiado pequeña para contar hasta diez o apreciar la rima «Un, dos, tres, al escondite inglés», la pequeña Erin está a punto de demostrar a su padre que sabe mucho más de aritmética de lo que él nunca sospechó. Obviamente, no va a sacar lápiz y papel para demostrar su habilidad. En vez de eso, lo único que tiene que hacer es ver una pequeña «obra de teatro» representada delante de ella en un teatro de marionetas a un par de metros. Esta obra de teatro, cuyo guión fue escrito por la psicóloga Karen Wynn de la Universidad de Arizona, podría titularse «El ratón mágico» en honor a su personaje principal. El argumento es el siguiente.

Se levanta el telón y se ve el escenario vacío. De repente, por el lado derecho asoma una mano humana que agarra a Mickey, un ratón de juguete. La mano coloca a Mickey poco a poco a la izquierda del escenario y se retira por donde entró. Justo entonces, desde donde debería estar el foso de la orquesta, se eleva un cartón que oculta a Mickey tras de sí. Todavía permanece ahí, por supuesto, pero el público ya no lo puede ver. En ese momento vuelve a aparecer la mano amiga, y esta vez lleva a Dickey, el hermano gemelo de Mickey. La mano se mueve detrás del muro de cartón, se detiene como si fuera a colocar a Dickey junto a Mickey, vuelve a aparecer sin Dickey y se retira. Ahora hay dos ratones detrás del cartón. O por lo menos eso creería cualquiera que conociese los fundamentos de la suma. ¡Y aquí se incluye a Erin! Según Karen Wynn, sin haber visto realmente a los dos hermanos uno al lado del otro, Erin sabe que sumar una «unidad» a otra «unidad» debería dar dos.

¿Y cómo sabe Wynn lo que piensa Erin? Es sencillo. El siguiente acontecimiento de esta representación de un solo acto es la retirada del cartón que descubre no a dos ratones, sino a un pequeño Mickey abandonado y solo. La ausencia del segundo ratón no sería un problema para alguien que no hubiera prestado atención o no fuera capaz de seguir la lógica de los hechos hasta este punto. Pero este no es el caso de Erin. Cuando Erin ve un solo ratón donde debería haber dos, arquea las cejas, abre más los ojos y lo mira fijamente diciendo al mundo, a la manera de un bebé de cinco meses: «¡Eh, juraría que hace un momento aquí había dos ratones!». En otras palabras, puede que sólo tenga cinco meses y apenas pueda sentarse sola, pero Erin ya sabe lo suficiente sobre el funcionamiento del mundo como para contar que uno más uno es igual a dos.

Matemáticas 101

El trabajo de Karen Wynn con los bebés como Erin es sólo un ejemplo del creciente número de demostraciones creativas de las matemáticas para bebés. Aunque es de naturaleza primitiva, esta apreciación precoz de que una cantidad está integrada por unidades independientes que pueden sumarse (o restarse) es el pilar del que depende todo lo matemático. Parece ser que, eones atrás, la Madre Naturaleza comprendió que la especie humana iba a alcanzar todo su potencial en sus dominios, así que se encargó de que el proceso empezara cuanto antes en la vida.

La noticia de que los niños llegan al mundo al acecho de cosas que contar nos sorprendió hace unos cuantos años. ¿Cómo una criatura completamente indefensa en muchos aspectos puede tener talento para algo tan abstracto como contar? ¿No hubiera sido más sensato el talento para dormir por la noche o para utilizar el servicio? Aparentemente no. De hecho, según Rochel Gelman, psicóloga del desarrollo de UCLA, nosotros los científicos tendríamos que haber imaginado hace mucho tiempo lo que la Madre Naturaleza estaba haciendo. Las pruebas han estado delante de nuestras narices desde mucho antes de que Karen Wynn, y mucho menos Erin, naciesen. A continuación se mencionan algunos de los hechos que Gelman cita para apoyar el concepto de que el conocimiento numérico está incorporado a nuestra especie:

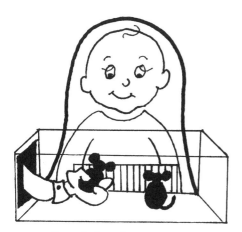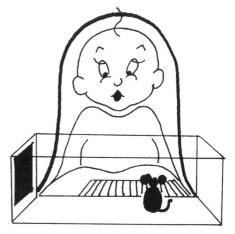

Cuando los niños ven que un segundo ratón es colocado detrás del cartón, como en la figura de la izquierda, intuitivamente entienden que habrá dos cuando se retire el cartón. Cuando sólo ven uno, como en la figura de la derecha, su sorpresa indica un conocimiento rudimentario de la suma y la resta.

- Primero, cada una de las sociedades humanas que hay sobre la faz de la tierra tiene un sistema para contar, a pesar de que los detalles del sistema puedan diferir radicalmente. En Nueva Guinea, por ejemplo, los números básicos (del uno al veintisiete) están simbolizados por una parte específica del cuerpo. En vez de pedir una «docena» de huevos, en otro idioma, tan sólo hay que señalarse la oreja derecha. (¡Está claro que es un sistema concebido antes de que se inventara el teléfono!)

- Segundo, por lo que sabemos, los humanos son los únicos animales que aprenden a contar con gran facilidad. A nuestros primos más cercanos, los llamados primates no humanos (como los chimpancés y los gorilas), se les puede enseñar a apreciar los números, pero no sin un concienzudo esfuerzo. Aun utilizando comida como incentivo, este objetivo requiere muchas clases dedicadas explícitamente a esa tarea. Nos viene a la mente la canción «Trabajaremos por plátanos».

- A diferencia de ellos, los humanos no sólo aprenden a contar fácilmente (incluso sin libros de números ni *Barrio Sésamo*), sino que a partir del momento en que empiezan a contar, ¡cuesta mucho conseguir que paren! Cuentan escalones. Cuentan botones. Cuentan las erupciones de varicela. Lo cuentan todo. De hecho, un niño que quiere contar las líneas del paso de peatones puede estar arriesgando su integridad, como bien sabe su padre, que lo aleja de allí.

Todos estos hechos, combinados con los emocionantes descubrimientos sobre Erin y sus semejantes, indican que la Madre Naturaleza ha triunfado en su objetivo de poner a los humanos sobre la tierra preparados para lo relacionado con las matemáticas. Parece ser que nuestros genes contienen los pilares para logros futuros. Ahora la pregunta que se plantea es la siguiente: ¿qué pueden hacer los padres para ayudar a que sus hijos desarrollen el potencial que tenía en mente la Madre Naturaleza? Si hay alguna cosa sobre desarrollo de la que estemos seguros, es que éste nunca depende exclusivamente de la genética.

El reto de los padres

No hay duda de que ser bueno en matemáticas es hoy mucho más importante de lo que ha sido en toda la historia de la humanidad. Los adultos constantemente están resolviendo problemas de matemáticas (desde calcular el número de metros cúbicos de hormigón que se necesitan para el patio, hasta calcular la relación precio/beneficio de las acciones preferidas, o determinar la cantidad de combustible necesario para que un transbordador espacial complete una misión). De hecho, como a los escritores de ciencia ficción les encanta señalar, es bastante probable que las soluciones a muchos misterios del universo se encuentren ocultas en complejas relaciones matemáticas.

Por desgracia, al mismo tiempo que aumenta la importancia de las matemáticas, los resultados de los exámenes de los niños occidentales están bajando cada vez más en comparación con los de los niños de los países industrializados del Lejano Oriente. Estas diferencias son evidentes cuando se comparan niños estadounidenses y niños chinos y japoneses (¡incluso cuando las comparaciones se hacen con niños de cuatro años!). Pero tenemos buenas noticias al respecto. Dado que los investigadores han descartado las diferencias genéticas como factor significativo, la explicación debe radicar en las diferencias que hay entre los entornos. Y a partir del momento en que conozcamos las diferencias que hay entre los entornos, éstas se pueden eliminar. En otras palabras, sea lo que sea lo que hacen los padres y los maestros chinos y japoneses, no hay motivo para que no lo puedan hacer otros padres.

¿Y qué es lo que hacen de forma diferente los padres en China y Japón, sobre todo durante los primeros años? Según Prentice Starkey y Alice Klein de la Universidad de California, en Berkeley, una respuesta es que los adultos de estas culturas se toman las matemáticas mucho más en serio que los adultos de otras culturas, y no sólo en el aspecto académico. Cuando estas dos investigadoras estudiaron a los padres chinos y los compararon con los padres estadounidenses, descubrieron claras diferencias tanto en las actitudes como en las conductas, incluso con respecto a los niños más pequeños. Los padres chinos suponen que el curso natural del desarrollo matemático empieza más pronto y se acelera más pronto de lo que creen los padres estadounidenses. Como consecuencia, es más probable que los padres chinos hagan participar a sus hijos en un gran número de actividades relacionadas con las matemáticas en la vida diaria y que esperen que la educación de los preescolares incluya formación en matemáticas. Los padres chinos se inventan juegos con números, cantan canciones con números y se divierten con juegos de mesa en los que intervienen números y subrayan de manera rutinaria el papel de las matemáticas en las actividades domésticas como la cocina o la colada (un calcetín y un calcetín hacen dos calcetines). Los padres estadounidenses también hacen esto, hasta cierto punto, pero como asumen que sus hijos son menos capaces de lo que realmente son, no empiezan a hacerlo ni tan pronto ni se atreven a plantear a sus hijos el reto de aprender a contar.

Pero hay pruebas aún más asombrosas del poder de determinadas experiencias para fomentar la habilidad matemática que proceden de Brasil. La fuente es la fascinante descripción del psicólogo Geoffrey Saxe sobre los niños de diez a doce años que se dedican a la venta callejera, cuyo sustento depende de su capacidad para manipular grandes y pequeñas cantidades con rapidez y precisión. A pesar de que no han sido escolarizados o lo han sido durante muy poco tiempo, estos niños superaron a dos grupos de escolares brasileños de la misma edad en la resolución de problemas con grandes cantidades y con proporciones. La ventaja aritmética tiene sentido si pensamos en la necesidad de sumar los costes de los artículos por separado y determinar el cambio. ¿Y por qué precisamente problemas con proporciones? El misterio se soluciona en el momento en que se considera la naturaleza de los problemas de proporciones que estos niños tienen que solucionar: «Imagina que tienes que decidir a cuánto vendes los caramelos. ¿Sería mejor vender 3 caramelos por 500 cruzeiros (la moneda brasileña) o 7 caramelos por 1.000 cruzeiros?». ¡Estos niños eran buenos, sin duda! Usted también lo sería si su próxima comida dependiese de no cometer errores tontos. Entonces, ¿cuál es el resultado final? La experiencia es importante.

Volvamos con Erin y sus amigos

Aunque nadie ha demostrado todavía algo tan complejo como la capacidad para calcular proporciones durante la infancia, no será una sorpresa si, con el tiempo, alguien lo hace (al menos en una forma rudimentaria). Después de todo, nadie en el mundo occidental había imaginado que los bebés eran sensibles a los números hasta que los investigadores se volvieron lo suficientemente creativos para «engañarlos» para que nos enseñaran lo que saben. Usted ha visto ya un acercamiento inteligente (la representación de Karen Wynn que protagonizaban Mickey y Dickey). A continuación se exponen otras estrategias que han utilizado los investigadores para buscar la sensibilidad precoz a los «números» como un principio que ordena el mundo.

En un estudio innovador que se hizo para observar la conciencia numérica de los bebés, Prentice Starkey, Liz Spelke y Rochel Gelman mostraron a niños de seis a nueve meses distintos dibujos que representaban tres objetos cotidianos (por ejemplo, un peine, un bloc de papel y una pelota) colocados de manera diferente. Iban pasando los dibujos hasta que los bebés se aburrían. («Qué aburrimiento. ¡Otro dibujo de cosas! ¿Por qué no paramos para comer?») Entonces, sin imaginar que algo importante iba a suceder, los investigadores de repente cambiaron a imágenes de *dos* objetos en vez de *tres*. ¿Cuál fue el resultado? El aburrimiento desapareció y se reavivó el interés. Los niños realmente se habían dado cuenta del cambio de número.

Desde esta demostración inicial con bebés de seis a nueve meses, otros investigadores han demostrado reacciones similares a los cambios de números en niños de pocos días. Y las cosas que los niños pueden contar durante los primeros meses no se limitan a objetos que puedan ver. También sabemos que los bebés prestan atención cuando detectan un cambio en el número de sonidos que pueden oír, en el número de sílabas en secuencias de sonidos formadas a modo de palabras y en el número de acciones que interpreta una marioneta. El común denominador de todas estas situaciones es la sensibilidad a la cantidad de unidades que se experimentan.

En todas las demostraciones sólo se describía cómo se aprovechaba la misma estrategia inteligente: haga que los niños se aburran con determinados tamaños, series de sonidos o de imágenes, entonces de repente cambie el número y mire si los bebés se dan cuenta. Los resultados de este estudio son concluyentes, pero los investigadores siempre se sienten mejor cuando las pruebas convergen con otras que proceden de otras estrategias. Es como sentirse más seguro sobre la ubicación del banco porque ha encontrado con éxito el camino para llegar allí desde el trabajo igual que desde su casa. La búsqueda de una «ruta» alternativa motivó a Starkey, Spelke y Gelman a dar con otra estrategia ingeniosa. En este caso, los bebés veían dos imágenes a la vez, una que mostraba dos objetos y otra que mostraba tres. Pero no fue lo único con lo que se encontraron. A la vez que los bebés iban accediendo a esta información mediante la vista, sus oídos también estaban ocupados, escuchando el son del tambor. Y este era el truco: a veces el son del tambor se organizaba de dos en dos, y a veces de tres en tres. Y para gran satisfacción del investigador, cuando los bebés oían dos golpes, tendían a mirar la imagen que mostraba dos objetos, y cuando oían tres golpes, ¡tendían a mirar la imagen que mostraba tres objetos! Es decir, estos niños tan pequeños detectaban el número de unidades no sólo en uno, sino en *dos* sistemas sensoriales distintos (vista y oído) y los relacionaban entre sí. Contar escalones, farolas y estrellas es, sin duda, el siguiente paso.

Dada la sensibilidad natural de todos los bebés humanos hacia los números, resulta irónico que haya tantos adultos que han crecido ajenos a lo extendida que está la información numérica en la vida cotidiana. Como consecuencia, los padres pasan por alto formas fáciles de dar a sus niños «alimento para el pensamiento» en este campo tan importante. A continuación se sugieren unas propuestas sencillas para subrayar los «números» o la «cantidad» en las interacciones cotidianas.

Consejos para padres

• A PARTIR DEL NACIMIENTO

No es por azar que en los estudios que acabamos de describir intervengan números muy pequeños (del uno al tres, para ser exactos). Ésta parece ser la variedad en la que nuestros mecanismos de detección numérica funcionan de manera más efectiva en la primera etapa de la vida. Los padres tienen que tener presente esta idea cuando conciban actividades para que los niños se den cuenta de los números. A partir de los doce meses, hay mucho tiempo por delante para ampliar su perspectiva. Si lo piensa, los adultos tampoco son tan diferentes, en realidad. Aunque el límite de números es un poco más elevado (cinco o seis), cuando tropezamos con grupos de cosas que superan este límite, somos menos capaces de «percibir» el número sin contar. Esta limitación sirve para justificar por qué, si usted viese cinco ocas canadienses que aterrizan en un lago, probablemente diría exactamente que ha visto cinco. Sin embargo, si usted viese muchas más de cinco, se encontraría automáticamente ante una *bandada*. En otras palabras, los bebés no son los únicos que tienen un límite de percepción. Es sólo que los niños mayores y los adultos han aprendido a enfrentarse a esta limitación contando las cosas cuando es importante el número específico, o utilizando descriptores como *muchos, montones, manojos, racimos* o *cantidades*. Por suerte, todo esto todavía les proporciona a usted y su bebé «montones» de actividades sencillas con números para disfrutar.

• A PARTIR DEL NACIMIENTO

Es fácil hacer del número una característica obvia en cualquier actividad que implique repetición. Veamos el juego tradicional del «tico-tico» y las cosquillas. La tendencia general de la mayoría de la gente es la agrupación en tríos: «Tico-ico-tico». Teniendo presentes los estudios de Starkey, Spelke y Gelman, intente repetir los tríos de «tico» cinco o seis veces seguidas, y entonces cambie bruscamente a los grupos de dos. O al revés. La idea es sorprender a su bebé con este cambio de cantidad repentino. Quizá no dé ninguna señal externa de que se haya dado cuenta, pero confíe en nosotras, lo ha hecho. Esta misma estrategia se puede aplicar a muchas actividades distintas: hacer la pedorreta en la barriga de su bebé, hacerlo botar sobre las rodillas, agitar el sonajero, salpicarlo con agua en la bañera, balancearlo antes de lanzarlo a la cama. Casi todas las acciones simples que hacen sonreír a su hijo pueden contribuir en la cuestión numérica. O invente un juego nuevo. Explicamos uno que hemos usado en nuestras propias familias: enseñe una marioneta por detrás de su espalda, alternando la izquierda y la derecha durante un rato. Entonces haga aparecer la marioneta tres veces seguidas por el lado derecho antes de volver a cambiar de lado. El cambio repentino centra la atención automáticamente en los números. El aliciente es que la sorpresa evita que el juego se haga aburrido.

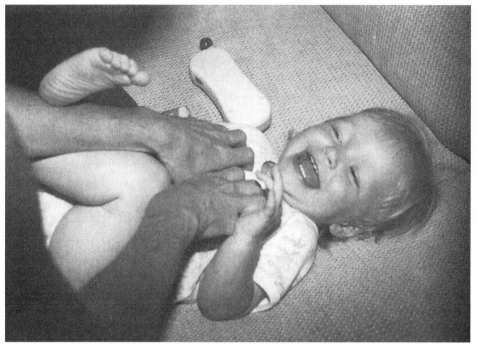

El juego del «tico-tico» es uno de los preferidos de Micaelan. Cuando su madre, Lynn, de repente cambia el número de «tico», Micaelan recibe una lección informal sobre números.

• A PARTIR DE 18 MESES

Tan pronto como se pone en marcha el desarrollo del lenguaje es el momento de empezar a hablar de números, así como de demostrar el concepto mediante acciones. De hecho, hablar de números nos capacita para proveernos de lecciones sencillas sobre la suma o la resta, como las que puso en práctica Karen Wynn en el experimento del «Ratón Mágico». El mundo del que disfrutan juntos usted y su hijo está realmente lleno de acontecimientos donde las cosas vienen y van, se suman y se restan. Piense un momento en ello: las aves alzan el vuelo o aterrizan. («¡Mira, Jaime! Ahí viene otra más. Había dos. ¿Cuántas hay ahora? ¡Hay tres!») Las galletas se añaden a un plato o se comen. Los globos se inflan o explotan (igual que las pompas de jabón). Las abejas aterrizan sobre flores y luego se van. Los botones se abrochan y se desabrochan. Los juguetes se meten y se sacan de la bañera... Y así sin parar. Los números invaden nuestra vida cotidiana. Cuando abramos los ojos a este hecho, seremos más capaces de hacer lo mismo por nuestros hijos.

¡ÚLTIMAS NOTICIAS!

La ciencia confirma que la forma de contar de los bebés revela un conocimiento oculto

Toronto, Canadá. Ryan, el hijo de tres años de Lisa, mira con gran atención su colección de caramelos, va señalando uno tras otro y asegura con orgullo: «Uno, dos, tres, cuatro, ceiz, ¡ciete! ¡Tengo ciete caramelos!». Aunque Lisa estaba contenta porque Ryan estaba contando, le preocupaba la aparente aversión al número cinco. «No entiendo por qué no sabe hacerlo bien. ¿Qué hace que contar sea tan difícil?»

La cantidad, según la psicóloga Rochel Gelman. «Los adultos consideran contar como algo que se sobreentiende porque para nosotros es muy fácil. Pero la verdad es que aprender a contar cosas exige algo más que memorizar grupos de palabras.» Para ver a qué se refiere Gelman, intente ponerse en la piel de su hijo e imagine lo siguiente: usted decide abrir una cuenta corriente, pero en vez de una cálida acogida por parte del director del banco, usted recibe esta carta:

Apreciado cliente:

Recientemente hemos instituido un complejo sistema de seguridad. Para acceder a sus cuentas, tendrá que comprometerse a memorizar las siguientes normas. ¡Buena suerte!

La Dirección

Las normas

Primer paso: *Memorice la lista siguiente de doce palabras en este mismo orden: «Paz, son, tras, fe, mil, fa, pus, col, tren, va, ron, sed». Las variaciones de orden producirán un mensaje de error.*

Segundo paso: *Utilice estas palabras para designar cosas con un propósito que tendrá que descubrir por sí mismo. Se aplicarán las siguientes restricciones en esta actividad de designación.*

1. El principio de aplicación flexible. *Usted puede aplicar como designaciones estas palabras a cualquier grupo de entidades que desee, ya sean tangibles o intangibles, sin tener en cuenta el hecho de que las entidades ya tienen sus nombres.*

2. El principio de irrelevancia en el orden. *Cuando usted aplique las palabras a un grupo de entidades, no importa qué entidad escoja para empezar.*

3. El principio de orden estable. *Siempre asigne las designaciones exactamente en el mismo orden cada vez que utilice la lista y empezando por la primera palabra.*

4. El principio de la correspondencia. *Aplique una designación diferente a cada una de las entidades. Cuando haya utilizado una designación específica, no la vuelva a utilizar en la misma actividad.*

5. El principio de la cardinalidad. *La palabra que se aplica a la última entidad representa la cantidad del grupo.*

Como seguramente habrá adivinado ya, éstas son las normas exactas que tienen que aprender los niños para contar las cosas correctamente. Así que, mamá, reconozcamos a Ryan su mérito. Quizá tenga problemas al recordar la palabra *cinco*, pero ese error se esfuma en comparación con todas las cosas que demuestra que recuerda.

¿Qué saben los padres sobre la importancia de contar?

La lista de principios abstractos que subyace al contar es ahora un conocimiento común entre los psicólogos del desarrollo. Pero no ocurre lo mismo con los padres. La mayoría de padres y madres, incluso aquellos que leen detenidamente los libros de números con sus bebés, ignoran la extraordinaria proeza que es contar una serie de cosas y proclamar que hay «ciete».

¿Pero es un asunto realmente importante que los padres sean ajenos a este respecto? ¿Salen ganando los niños cuyos padres están «enterados», por así decirlo? La respuesta es sí, sí es importante y sí salen ganando. Y éste es el motivo: según las investigaciones y el sentido común, cuanto más sabe un padre de las capacidades de su hijo, espera que sea más capaz de dominar las habilidades. A medida que aumenta el vocabulario de su hijo, por ejemplo,

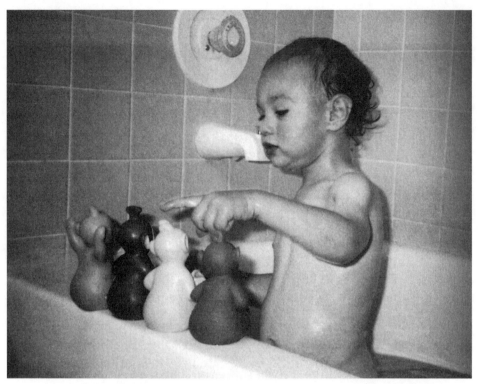

Aprender a contar implica muchas más cosas además de las palabras *uno, dos, tres...* A pesar de su complejidad, los niños pequeños disfrutan con el reto. Aquí vemos al pequeño Aidan, de dos años, practicando su nueva habilidad, contando sus Teletubbies.

usted cambia su parte de la conversación automáticamente para incluir una gama de palabras más amplia. Desde luego, a un niño de dos años no le seguimos diciendo «¿Quién es el tesoro de mamá?». En muchos casos, se trata de una habilidad especial que los padres desarrollan con relativa naturalidad, que describimos en el capítulo 2 mediante el término *Zona de Desarrollo Próximo*. Esta expresión se refiere al hecho de que los niños tienen la mejor oportunidad de aprender las cosas que están un poco más allá de sus capacidades actuales. Pero extraer el máximo provecho de esta circunstancia depende evidentemente de que los padres conozcan cuáles son esas capacidades. La aplicación en el desarrollo de las matemáticas es sencilla. Una vez que la madre de Ryan entienda todo lo que éste tiene que aprender para contar, tendrá más probabilidades de hacer lo que hacen los padres chinos, y, por consiguiente, plantear retos a Ryan para que vaya más lejos.

Si le asusta la idea de controlar el repertorio matemático de su hijo, tranquilo. Según un brillante estudio que realizaron los científicos Geoffrey Saxe, Steven Guberman y Maryl Gearhart, de la Universidad de California, tener una cierta conciencia del conocimiento subyacente que implica el uso de los números ya es importante. Esto es, por supuesto, siempre que los padres también se preocupen lo suficiente por comprometerse en el desarrollo matemático y realicen junto a sus hijos frecuentes actividades relacionadas con los números. Estos investigadores descubrieron que la mayoría de los padres de clase media intuían automáticamente el tipo de instrucciones, correcciones e información que más les convenían cuando se les pedía que ayudaran a sus bebés a solucionar problemas de números. Cuando, por ejemplo, Maisy cometía un error y contaba alguna cosa por duplicado, a su madre se le ocurría una forma de evitar ese problema sugiriendo: «Vamos a apartar las cosas hacia aquí a medida que las vayas contando». La madre de Maisy no necesitaba haber ido al colegio para aprender esto. Su sugerencia provenía de poseer el suficiente sentido común sobre el conocimiento de los números para diagnosticar rápidamente la naturaleza del error de Maisy, y también de estar muy motivada para ayudar a Maisy a que le comprendiera.

Las señales que hay a lo largo del camino

Además de los cinco «principios» sobre contar que ya ha leído en las «Últimas noticias», los investigadores también han identificado cuatro niveles específicos a lo largo del camino que lleva a la competencia numérica. Éstos no son hitos como «el primer paso» o «la primera palabra» que suelen aparecer en un típico libro infantil, pero sin embargo también es divertido esperarlos. Conocerlos también facilitará imaginar el tipo de actividades que su hijo disfrutará más antes de ir al jardín de infancia. Para introducirle en los cuatro niveles del desarrollo matemático precoz, empezamos cada uno con una pequeña rima.

- ## Nivel 1: «Uno, dos, tres, cuatro... ¡Vamos a contar un rato!».

La primera fase del conocimiento de los números es la más básica. El centro de atención no está en las «actividades con números», sino simplemente en aprender las cifras y ver qué forma tienen. Por ejemplo, si le dice a su hijo cuando entran a un ascensor «Llama al dos» y lo hace, usted está viendo el nivel 1 en acción. Lo mismo sucede cuando su hijo de dos a tres años de edad recita con seguridad los números del uno al diez (con cinco o sin él). Se trata fundamentalmente del mismo tipo de conocimiento que se utiliza para aprender el abecedario (ser capaz de identificar las letras y cantar la canción del abecedario).

- **Nivel 2: «Veo una flor, veo dos flores, veo tres flores. ¡Los ratos que paso contando son los mejores!».**

La fase siguiente, contar un grupo de cosas, es la que la mayoría de padres consideran como un triunfo en la edad preescolar. Los números

Los trozos de salchicha desaparecen uno a uno y, de esta manera dan a la pequeña Kate, de dos años, una lección informal sobre la resta, sobre todo cuando su madre la ayuda a contarlos a medida que van desapareciendo.

son para contar. Y por supuesto, los números *están* para contar. Sin embargo, en contraste con los niveles posteriores, contar según el nivel 2 se limita a grupos pequeños de cosas. Es el caso de Ryan contando sus caramelos o el de su propio hijo contando escalones, sillas u osos. En este nivel los niños llegan a darse cuenta de que el último número representa la cantidad global, un concepto al que llamamos *cardinalidad*. Cuando asumen este concepto, ya están introduciéndose en la esencia de lo que hace que las matemáticas sean un campo único del conocimiento. A diferencia de los muchos principios que aprende un niño, el principio de la cardinalidad no se puede extender a nada más. Sólo tiene sentido en este sistema. Por ejemplo, cuando designamos cosas por sus diferentes colores, no concluimos diciendo que son objetos «azules», o cuando decimos el abecedario, no anunciamos que tenemos «Z» letras. Pero al contar uno, dos, tres, cuatro, cinco, seis, siete caramelos, el principio de la cardinalidad tiene toda su lógica.

• Nivel 3: «Tú tienes dos y ella tiene tres. Me temo que ella tiene más. Ya lo ves».

La clave del nivel 3 es la capacidad de comparar cantidades. En esta fase, en vez de limitarse a contar sus caramelos, Ryan también sabe contar los de su hermana y llegar a la espantosa conclusión de que ella tiene más que él. Las preguntas que se pueden hacer en el nivel 3 incluyen algunas como «Si tú tienes tres años y Benjamin tiene dos, ¿tú eres mayor o menor que él?» o «¿Qué caramelo cuesta más? ¿El de cinco céntimos o el de diez?». También empiezan a entender cómo funcionan las equivalencias con relación a los intercambios: por ejemplo, que una chocolatina vale cuatro chicles o que su camión favorito de juguete vale tres coches de juguete de los que funcionan a cuerda. En otras palabras, ha nacido el sistema de trueque.

• Nivel 4: «Te quito una y te quedan dos. Ahora tienes las mismas que yo».

Esta fase es el momento en que las grandes comparaciones se vuelven comparaciones precisas mediante la comprensión de la suma y la resta. A diferencia de los bebés del estudio de Wynn («El ratón mágico»), que se limitaban a intuir la suma y la resta, ahora el niño *sabe* lo que

Al contar las golosinas de Halloween, los niños aprenden muchas lecciones respecto al pensamiento matemático: «¿Cuántas chocolatinas tienes?», «¡Ja! ¡Tengo *más* chocolatinas que tú!», «¡Mamá! ¡Brandon me ha quitado dos chocolatinas y ahora yo sólo tengo una!». Y además, puede estar seguro de que su motivación para ser exacto es muy grande.

sabe. Puede hablar de ello («Si te doy dos euros, sólo me quedarán dos»), percibir sus errores («Pero mamá, ¡Kelly todavía tiene uno más que yo!») y combinar conjuntos («Tengo dos margaritas y dos pensamientos. Eso hace cuatro flores en total»). En otras palabras: «Que suene la trompeta, que redoble el tambor. La hora de la aritmética al fin llegó».

La vida diaria está llena de cosas que se pueden contar, comparar, sumar y restar. De hecho se pueden «contar con los dedos de una mano» las actividades que *no* se prestan a tales actividades. A continuación mostramos algunos ejemplos específicos de experiencias relacionadas con números con los que puede empezar.

Consejos para padres

Contar cosas no es lo único importante en relación con el aprendizaje numérico precoz, pero por supuesto es un componente importante. Además, se trata de una actividad que encanta a los niños. En realidad, motivar a los niños para que cuenten cosas no es ningún problema. Sí lo es en cambio persuadir a los padres para que se tomen el tiempo necesario para que sus hijos cuenten. Demasiado a menudo los padres tienen tanta prisa para llegar a su objetivo que no se dan cuenta de la inclinación que tiene su hijo a contar las cosas que se encuentra en el camino (escalones, grietas en la acera, coches, vallas, etcétera). Es decir, aunque la mayoría de los padres sobreentienden el valor de los libros de «contar», tienden a apreciar menos lo contable que es el resto del mundo para un niño que se encuentra a punto de conquistar las complejidades del número.

Recuerde que el conocimiento del nivel 3 incluye valores relacionados con la comparación. A partir del momento en que empiece a buscar cosas que comparar, verá oportunidades para hacerlo por todos lados, y muchas de las cuales había pasado por alto anteriormente. A continuación le mostramos algunos ejemplos de situaciones que permiten preguntas relacionadas con las matemáticas:

Mientras caminan por la arena de la playa: «¿Quién deja las huellas más grandes?» «¿Qué caracola es más grande?»

Mientras cocinan: «Dónde caben más cosas, ¿en esta sartén o en ésta otra?» «¿Cuántas cucharaditas se necesitan para llenar esta cuchara?»

Al marcar la altura en el marco de la puerta: «¡Mira lo alto que estás! ¡En tu último cumpleaños sólo llegabas hasta *aquí*!»

Mientras colocan los animales disecados o los libros en la estantería: «¡Vamos a ponerlos en fila del más grande al más pequeño!»

Al hacer muñecos de nieve: «Pon la bola más grande debajo de todo, la mediana en el medio y la más pequeña encima de todo.»

Cocinar implica gran cantidad de pensamiento matemático. Ofrece una gran oportunidad no sólo de medir cantidades, sino de aprender equivalencias, cantidades relativas y, en el caso del bol que se vacía, ¡la resta!

Y, a propósito de las comparaciones con tres tamaños, ¿qué le parece el cuento de «Los tres osos y Ricitos de Oro»? Por si no se acuerda, la pobre Ricitos de Oro pasa mucho tiempo hasta que encuentra el plato de sopa, la silla y la cama del tamaño adecuado. La pobre tiene que comparar, comparar y comparar. ¡No dude de que su hijo se habrá dormido al final del cuento!

• A PARTIR DE 36 MESES

No pase por alto el valor de los juegos de mesa comerciales para introducir a su hijo en los conceptos numéricos. De hecho, cualquier juego que tenga dados o ruletas es una buena elección siempre que las reglas sean sencillas. Por ejemplo, los dos clásicos La escalera y La oca son una buena forma de enseñar a reconocer los números y a contar. En los dos casos, el niño gira la ruleta para obtener el número de casillas que puede avanzar, las cuenta y observa su progreso hacia la meta. El valor adicional de estos juegos es que el niño está muy motivado para prestar atención, no sólo al número de casillas que ha de avanzar, sino también a los errores que pueda cometer su compañero de juego. Como consecuencia, una única partida de La escalera puede producir un total de treinta o más lecciones respecto al reconocimiento de números y a contar (y,

¡sin que su hijo haya sospechado en ningún momento que usted tenía un motivo oculto!).

• A PARTIR DE 36 MESES

Profundizando en el tema, piense en la importancia de reconocer números para poder jugar a la mayoría de juegos de cartas. En primer lugar, en cada carta, además de cada número, se incluye la cantidad de corazones, tréboles, diamantes o picas que el número indica. Si juega con niños muy pequeños, puede contar cada una de las figuras y señalar la

Al pequeño Brandon, de tres años, le encanta el juego del Uno. Incluso antes de que supiera los nombres de los números, ya sabía tomar una carta y pedir: «¿Tienes alguna de éstas?». Su padre entonces le explicaba: «Ah. Necesitas cincos».

correspondencia con el número. Aunque usted no le muestre esta correspondencia, seguro que esa relación empezará a causarle impresión. Desde luego, los juegos de cartas más complicados, como el remigio o la brisca, están fuera del alcance de la mayoría de los preescolares, pero ¿qué nos dice del Uno, cuyo objetivo es acumular el mayor número posible de parejas de cartas del mismo valor? O piense en nuestro favorito, que lleva el desafortunado nombre de Guerra. Los jugadores giran una carta al mismo tiempo y el que saca la carta con el valor más alto, se lleva las dos. Y no olvide que la mayoría de los juegos de cartas se pueden adaptar para que jueguen los niños más pequeños con sólo incluir las cartas de menor valor, es decir del as al cinco. ¡Así que empiece a barajar!

¡ ÚLTIMAS   NOTICIAS !

Las lecciones de música producen beneficios inesperados

Irvine, California. ¿Qué tienen en común tocar al piano «El barquito chiquitito» y acabar un puzzle? Pues no mucho, al menos en apariencia. Pero busque a mayor profundidad, en concreto en las profundidades del cerebro humano en desarrollo, y encontrará conexiones entre estas actividades que, en apariencia, no tienen relación. A pesar de que los neurólogos todavía desconocen la naturaleza exacta de esas conexiones, es difícil ignorar los efectos que tienen en el desarrollo cognitivo de los niños pequeños, y eso es gracias a la fascinante investigación que llevaron a cabo Gordon Shaw de la Universidad de California junto a Irvine y Frances Rauscher de la Universidad de Wisconsin. Esto fue lo que descubrieron en pocas palabras: aprender a tocar un instrumento musical fomenta un talento para solucionar problemas espaciales, incluidos los principios matemáticos con matices espaciales (como fracciones y proporciones).

Shaw y Rauscher llegaron a esta sorprendente conclusión cuando compararon un grupo de preescolares que había recibido lecciones diarias de piano y de canto durante ocho meses con un grupo de la misma edad que no había recibido esas clases. Para deleite de los investigadores, los resultados mostraron una ventaja significativa a favor de los jóvenes músicos en problemas relacionados con el razonamiento «espacio-temporal»: componer puzzles, copiar formas geométricas, construir figuras con piezas geométricas, encontrar la salida a laberintos, etcétera. Desde este primer descubrimiento de 1994, Shaw y otros colegas han repetido este estudio con niños de segundo curso de escuelas de ciudades del interior de los Estados Unidos y han hallado logros significativos en las habilidades matemáticas relacionadas con fracciones y proporciones. Entre otros mecanismos, parece probable que aprender cómo se relacionan las notas redondas con las negras, y las negras con las corcheas y así sucesivamente proporciona verosimilitud a la relación entre las partes y el todo en la parte más abstracta de las matemáticas.

Contando cada vez con más datos como éstos que le respaldan, Gordon Shaw no se anda por las ramas: aprender a tocar un instrumento musical es beneficioso para los niños muy pequeños. Sin embargo, siempre se apresura a añadir que la cooperación del niño es esencial. Y la clave para la cooperación, por supuesto, es asegurarse de que la experiencia es voluntaria y gratificante. En otras palabras: diversión.

Hacer espacio para el «espacio» en las matemáticas precoces

¿Recuerda el hallazgo de que los niños chinos obtenían mejores resultados en las pruebas que evaluaban las capacidades matemáticas a partir de los cuatro años? Como hemos señalado anteriormente, un motivo es que los padres chinos esperan más de sus hijos en este campo. Pero no es sólo «más» en términos de desarrollo de la numeración y de las capacidades aritméticas, sino «más» en el sentido de capacidades «más variadas». En contraste con la definición relativamente pobre que da la cultura estadounidense de las matemáticas precoces cuando se refieren a la manipulación de números, los padres chinos y los maestros de los cursos preescolares también incluyen de manera más rutinaria fenómenos espacio-temporales (como la geometría). Como consecuencia, la diferencia entre los niños de cuatro años estadounidenses y chinos es todavía mayor respecto al conocimiento espacio-geométrico que respecto al conocimiento numérico, según Prentice Starkey y Alice Klein de la Universidad de California, de Berkeley. Como consecuencia, los escolares chinos están tan bien preparados para el álgebra y la geometría, que estas asignaturas se introducen dos años antes de lo que se establece en los planes de estudio estadounidenses.

La tendencia de muchos padres a pasar por alto los aspectos espacio-temporales de las matemáticas justifica la importancia de la investigación de Gordon Shaw sobre la práctica musical precoz. Es precisamente en este campo, el de la solución de problemas espacio-temporales, en el que Shaw está llevando a cabo hallazgos positivos en la práctica de los instrumentos musicales durante los años preescolares. Recuerde que no era más probable que los niños de tres y cuatro años que aprendieron a tocar el piano fueran más capaces de contar hasta cincuenta o que tuvieran más conocimientos matemáticos. La ventaja consistía en que eran capaces de manipular las formas geométricas en la mente, construir modelos tridimensionales y apreciar por lo general la forma, el movimiento y el tiempo con más facilidad. Por qué sucede esto es algo que todavía no comprendemos del todo, pero es un tema que corresponde a los neurólogos. Mientras tanto, es responsabilidad de los padres utilizar la información para ayudar a ampliar su propia comprensión de este tipo de matemáticas y la de sus hijos.

Una diferencia importante entre las matemáticas numéricas y las matemáticas espacio-temporales está en el papel de la memorización. Un niño puede memorizar propiedades matemáticas y los pasos concretos de la división pero no cómo rotar formas, componer puzzles o copiar patrones geométricos. Todas estas tareas requieren la manipulación mental de la información y ésta requiere tiempo. Ésta es una cuestión importante que los adultos tienen que tener presente para evitar acudir prematuramente en ayuda del niño con las respuestas a problemas espacio-temporales. Muchos padres y profesores estadounidenses se preocupan tanto por el fracaso o la frustración que puedan experimentar los niños que enseguida les dan la solución, como si dijeran: «No te preocupes, realmente no esperaba que fueras capaz de hacerlo». Como consecuencia, el niño no tiene la oportunidad de pensar la respuesta por sí mismo.

De hecho, según James Stigler, de la Universidad de California, de Los Ángeles, una de las razones por las que los alumnos japoneses de educación primaria aventajan a los demás en matemáticas es precisamente porque los profesores japoneses plantean los problemas y entonces se sientan en la parte trasera de la clase mientras los niños discuten posibles soluciones por sí solos. Más que sermonear a los estudiantes sobre cómo obtener la solución, los profesores japoneses funcionan como facilitadores. Las respuestas surgen con el tiempo tras valorar y descartar todas las posibilidades y sugerencias. Al final los niños se van del colegio no sólo sabiendo algo que antes desconocían, sino habiendo ejercitado su propia red neuronal para conseguirlo.

La música y las matemáticas están más próximas de lo que se pueda pensar. Las nuevas investigaciones sugieren que aprender a tocar un teclado tendrá un efecto positivo en el razonamiento espacio-temporal de los niños. Y además les divierte. Pregúntele a este futuro músico.

Igual que en el caso de contar, empiece a examinar la vida cotidiana para detectar problemas espacio-temporales y le sorprenderá cuántos ha pasado por alto hasta ahora. A continuación hemos incluido algunos ejemplos, además de los consejos generales de costumbre.

Consejos para padres

• A PARTIR DE 6 MESES

No olvide el componente espacial de las matemáticas e incluya los juguetes tradicionales a los que llamamos juegos de encajes. El hecho de que los niños realmente disfruten del reto de encajar varias piezas con formas geométricas en los agujeros de un recipiente es un ejemplo ma-

Los puzzles constituyen una forma maravillosa de motivar a los niños a que presten atención a las características espaciales. Cada pieza supone un nuevo desafío, y como pueden comprobar los adultos, cada movimiento correcto proporciona un fuerte estímulo para intentarlo «una vez más».

ravilloso de cómo la Madre Naturaleza ha preparado el impulso, por así decirlo. La actividad lleva automáticamente la atención del niño a las diferencias entre las distintas formas geométricas y el proceso de rotación de las formas hasta que encajan. Otros juguetes que fomentan la comprensión de las relaciones espaciales son los materiales de construcción como el Lego o el Tente y las sencillas piezas de madera. Las estructuras resultantes tienen el beneficio añadido de promover la imaginación. El montón de piezas se puede convertir en un garaje para un coche de juguete o en una cama para la muñeca preferida. Las posibilidades son infinitas.

• A PARTIR DE 18 MESES

Fomente el interés por los puzzles, empezando por los más sencillos, desde luego. Para componer los puzzles hay que hacer rotar formas, encajar piezas e imaginar equivalencias. («Mmmh... esta pieza no tiene la

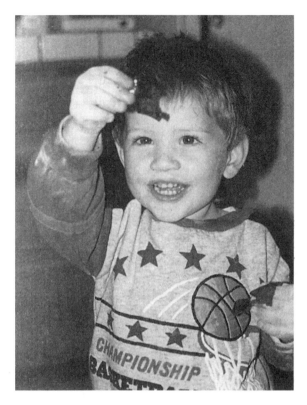

Hay infinitas maneras de subrayar la forma como una característica importante de los objetos. La madre de Brandon le ayudó a descubrir el potencial geométrico de ¡la gelatina!

misma forma que ese agujero.») Además, los puzzles provocan en los niños reacciones claras como la sensación de éxito o de fracaso, así como abundantes oportunidades para volver a intentarlo. El bebé encuentra la solución a un problema espacial y al lado mismo ya se le plantea otro. Así de simple. No se nos ocurre ninguna otra actividad que plantee tantos problemas de rotación espacial independientes en un formato tan condensado, y además así de entretenida.

• A PARTIR DE 36 MESES

Empiece a apreciar la naturaleza matemática de actividades tradicionales como envolver regalos, hacer aviones de papel y recortar copos de nieve de papel doblado. En todos estos casos, a su hijo se le plantea el reto de visualizar cómo una hoja plana de papel se relaciona con su versión doblada. (¡Y usted pensaba que sólo se estaba divirtiendo!) Los trabajos en los que hay que «coser» (con pegamento, en vez de agujas e hilo) también requieren habilidad espacial. Los trozos de ropa han de medirse, cortarse y sobreponerse correctamente. De hecho, no hay nada como descubrir que una costura está en la parte exterior en vez de en la interior para recordarle a usted lo importante que es pensar con cuidado en las relaciones espaciales. Como primer trabajo, intente lo siguiente: tome dos trozos de tela del mismo tamaño, ayude a su hijo a que pegue tres laterales, meta relleno en el «sobre» y pegue el último lateral. ¿Cuál es el resultado? Pues no sólo una almohada hecha a mano de la que puede enorgullecerse, sino también ¡una lección precoz sobre superficie frente a volumen!

• A PARTIR DE 36 MESES

Considere seriamente las clases de música (no sólo las experiencias de canto) en una edad tan temprana. Recuerde, su objetivo no es necesariamente crear un virtuoso, aunque ése pueda ser en realidad el resultado de algunos niños que, de no ser así, no hubieran tenido la oportunidad. Teniendo presente el estudio de Gordon Shaw, su objetivo es proporcionar una oportunidad de participar en una actividad divertida que reta a su hijo a conectar diferentes sistemas sensoriales: la vista (notas y claves), sonido (tonos y melodías) y movimiento (llevar los dedos a donde quiera). Ésta no es una tarea neurológica fácil, pero motivar a los niños es más fácil de lo que pueda pensar con «El barquito chiquitito» como objetivo. Incluso con niños más pequeños, el análisis rudimentario de la estructura musical puede comenzar con los omnipresentes pianos de juguete que relacionan los colores de las teclas con las notas coloreadas de una página. Como mínimo, esos juguetes pueden contribuir a despertar la ilusión del niño por el auténtico piano.

El pensamiento matemático y el futuro de su hijo

Ningún padre necesita que le convenzan de que el pensamiento matemático es importante para el futuro de su hijo en el colegio y en la época posterior. Dada la naturaleza tecnológica del mundo actual, la importancia de las matemáticas es evidente. Sin embargo, lo que se necesita recordar a los padres es la gran integración de las matemáticas en la vida diaria y, por lo tanto, con cuántas oportunidades cuentan para familiarizar hasta a los niños más pequeños con conceptos matemáticos fundamentales. Nuestro objetivo en este capítulo ha sido demostrar que puede hacerlo con facilidad y naturalidad cuando se haya dado cuenta de que los niños llegan a este mundo predispuestos a apreciar los números. No nos referimos a las tarjetas con ilustraciones para enseñar propiedades matemáticas. No nos referimos a ejercicios con números ni a libros de contar. Nos referimos a que hay que aprovechar las actividades más divertidas y colarle lecciones matemáticas mientras su hijo no se dé cuenta. Las lecciones que su hijo reciba en el colegio no serán siempre divertidas. No tienen por qué serlo. Pero al menos, si su hijo llega al colegio con una actitud positiva y unos buenos cimientos sobre los que construir, hay más posibilidad de que incluso el tipo de matemáticas que se suele practicar en el colegio sea una fuente de satisfacción.

8

Garabatos, chistes y amigos imaginarios: fomentando la creatividad

¡ÚLTIMAS NOTICIAS!

Un niño de dos años dibuja un retrato de su madre

Birmingham, Alabama. Dé un lápiz de color y un papel a su hijo de dos años, y enseguida tendrá una obra maestra que añadir a la puerta del frigorífico. A los niños les encanta garabatear. Es como si estuvieran entrenando para el gran día, cuando el maestro del jardín de infancia les dé un pincel, los siente delante de un caballete y anuncie: «¡Preparados, listos, *pintad*!». Pero, ¿es garabatear sólo eso? ¿Es sólo un ejercicio de calentamiento sin sentido, como el del boxeador cuando da golpes enérgicos al aire antes de subir al cuadrilátero? No, al parecer no. Según los psicólogos del crecimiento que estudian lo que se conoce como *función simbólica*, los garabatos de un niño realmente tienen algún significado. De hecho, es muy posible que lo que parezca ser una maraña de curvas y rectas sin sentido sea en realidad *¡su retrato!*

Parece ser que los seres humanos venimos al mundo predispuestos para utilizar símbolos: las palabras simbolizan objetos, las muñecas simbolizan bebés, las letras simbolizan sonidos y los dibujos simbolizan cualquier cosa que el artista quiera. Los bebés pasan dos años rondando por la casa antes de subirse al carro de los símbolos en lo referente al dibujo, pero una vez que lo hacen, no hay quien los pare. Hacia la época en que la mayoría de los bebés dibujan su primer árbol con manzanas reconocible para la maestra del jardín de infancia, es probable que ya lleven al menos un año dibujando personas, lugares y cosas. Sin embargo, ¡es muy posible que el padre y la madre nunca se hayan dado cuenta!

Podemos dar gracias a, entre otros, Dennie Wolf, Carolee Fucigna y Howard Gardner, de la Universidad de Harvard, por ayudar a los padres a comprender lo mucho que saben sus hijos sobre el dibujo. Todo lo que hicieron los investigadores fue suministrar rotuladores y papel a niños de uno a dos años y pedirles que dibujaran cosas específicas, como a su madre y su padre. A simple vista, los garabatos resultantes no significaban gran cosa. Pero tenga presente esto: cuando se les pidió que dibujaran la cabeza de su madre, hicieron garabatos en la parte superior del papel; cuando se les pidió que dibujaran los pies de su madre, dibujaron en la parte inferior del papel; y cuando se les pidió que dibujaran la barriga de su madre, ¡dibujaron en el centro del papel! En otras palabras, esos niños no estaban garabateando al azar. Aunque todavía no eran lo suficientemente expertos como para dibujar un círculo que representara la cabeza, esos niños conocían las reglas básicas del juego. Ellos ya comprendían la naturaleza simbólica del dibujo. ¡Vaya! ¿Puede comenzar tan pronto una carrera en el expresionismo abstracto?

Creatividad 101

A primera vista, puede parecer que estas revelaciones no son buenas noticias para las personas interesadas en promover la creatividad. Después de todo, ¿no resulta más creativo garabatear por el simple placer de garabatear que hacerlo para intentar representar la realidad? Quizá los bebés de dos años de Wolf estaban dando un paso de su desarrollo en la dirección equivocada.

No obstante, antes de llegar a una conclusión tan desalentadora, puede merecer la pena que pensemos de una manera más creativa: ¿el arte creativo tiene que ser necesariamente «libre» y no sujeto a las formas? Claramente, la respuesta es no. De hecho, a lo largo de la historia, los artistas venerados por su creatividad han conservado el interés por retratar la realidad; simplemente lo han hecho de maneras nuevas y no convencionales. Van Gogh y sus colegas impresionistas, por ejemplo, no renunciaron al objetivo de pintar imágenes que se pudieran reconocer como paisajes. Lo que ellos hicieron fue retratar el mundo que les rodeaba (jardines, campos de trigo y noches estrelladas) desde un punto de vista que los demás nunca habían considerado. Su objetivo era representar la «esencia» de la realidad, en lugar de hacer alarde de su capacidad de imitar la vida real. Ellos se sentían

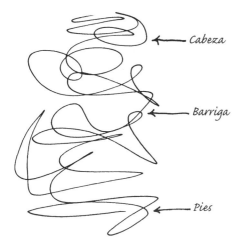

Cabeza

Barriga

Pies

Los garabatos de un niño pequeño pueden parecer hechos al azar, pero a veces hay más de lo que se puede observar a simple vista. Los investigadores han descubierto que las relaciones espaciales entre los garabatos pueden representar de forma rudimentaria las relaciones espaciales del objeto que usted le pidió que dibujara.

completamente satisfechos con las imágenes que no eran reproducciones exactas. Mm... ¿no le recuerda eso sospechosamente a nuestros garabateadores de dos años? *Esto* representa *eso* porque ellos *lo dicen.* No somos las primeras personas, con toda seguridad, en trazar paralelismos entre los artistas creativos y los niños. Escuche lo que decía Pablo Picasso, otro artista renegado: «Solía dibujar como Rafael, pero me ha costado toda una vida aprender a dibujar como un niño».

¿Por qué le costó tanto a Picasso volver al lugar del que había partido? Por supuesto, las razones no son sólo aplicables a él. La verdad es que cualquier persona que quiera conservar la segura creatividad de los niños se enfrenta a una dura batalla. Cuando los niños dejan atrás los años de bebé y la edad preescolar y llegan a mitad de la niñez, desarrollan un instinto natural hacia el realismo y la conformidad. Es como si el proceso de aprender cómo funciona el mundo (el reto principal de la escuela primaria) creara automáticamente un sentimiento de fidelidad hacia las cosas tal y como *son,* en lugar de tal como *podrían* o *deberían* ser. Para hacer las cosas aún más difíciles, este instinto natural de los niños se ve acompañado en demasiadas ocasiones de una presión similar hacia la conformidad y el realismo (en otras palabras, hacia el *statu quo*) procedente del mundo exterior. Demasiados profesores de arte consideran bueno el manzano realista e inaceptable el manzano impresionista. A demasiados profesores de ciencias sociales les preocupa más cuántas capitales de estado puede nombrar un niño que saber si el niño puede pensar en por qué determinadas ciudades se convierten en capitales y otras no. Y demasiados padres caen en las mismas trampas a causa de sus propias experiencias en la escuela.

Con muchos colores y grandes pinceles a su disposición, las pinturas realistas a menudo ceden su puesto ante el arte abstracto. A esas edades, los niños también están fascinados por la textura de la pintura. Ésa es la razón de que la pintura con los dedos sea una de sus preferidas.

Las buenas noticias son que esta huida aparentemente inexorable de la creatividad se puede contrarrestar. Si comprenden lo que caracteriza al individuo verdaderamente creativo en cada disciplina, los padres pueden ayudar a sus hijos a desarrollar los recursos internos que, con más probabilidades, mantendrán viva su creatividad. Nos gusta establecer la analogía con una rosa recién plantada. Los primeros tallos crecen fuertes y rectos. Pero, con el paso del tiempo, la fuerza de la gravedad sobre los tallos cada vez más pesados les hace doblarse hacia el suelo. ¿Qué hace entonces el jardinero inteligente? Anticipándose a esas presiones, proporciona una espaldera a los tallos y los anima dulcemente a que mantengan su crecimiento ascendente. Lo mismo ocurre con los niños de dos años. Como han demostrado Wolf y sus colegas, los niños parten en la dirección correcta. El truco para los padres consiste en facilitarles la espaldera metafórica (o los andamios, utilizando el término que introducimos en el capítulo 2) para mantener la aspiración de sus niños a subir más y más, a pesar de las fuerzas interiores y exteriores que les empujan hacia el suelo.

La receta: mezcle cuatro partes de actitud | disposición | predisposición
con dos partes de sabiduría y agítelo

Pregunte a la mayoría de gente qué es lo que se necesita para ser creativo, y lo más probable es que coloquen el «talento» en lo más alto de la lista. Pero pregunte a Bob Sternberg y Todd Lubart, dos psicólogos de la Universidad de Yale, y obtendrá una respuesta muy diferente. De hecho, la palabra *talento* ni siquiera aparece en su innovador acercamiento a la creatividad. En lugar de eso, ellos ponen un especial énfasis en el clásico trabajo duro, combinado con actitudes positivas determinadas. Puede parecer que los logros creativos no requieren ningún esfuerzo, pero según Sternberg y Lubart, el término «tareas agradables» describe esos logros de una forma mucho más exacta. La buena noticia para los padres que se desprende de este hecho es que el trabajo duro y las actitudes positivas pueden modelarse, enseñarse y recompensarse. De hecho, debe hacerse si se quiere que los niños conserven el instinto creativo con el que comienzan la vida.

Aquí tiene algunos de los ingredientes más importantes de la receta de Sternberg y Lubart para la creatividad infantil:

• Curiosidad

Al niño creativo le encanta entender las cosas. Cuando se encuentran ante algo que no conocen, en lugar de dejarse llevar por el pánico, los niños creativos se sienten emocionados. Es como un picor que obliga a rascarse. Los padres pueden estimular esa creatividad de muchas maneras. Una de las más efectivas es también la más sencilla: comportándose ellos mismos de una manera abiertamente curiosa. Un niño que crece escuchando a su madre y a su padre decir: «Mm... me pregunto qué pasaría si...», es muy probable que comience a plantearse esas preguntas a sí mismo.

• Voluntad de asumir riesgos sensatos

Una razón por la que los niños creativos se sienten inquietos ante el desafío de lo desconocido es que ellos no se sienten especialmente paranoicos ante la posibilidad de cometer errores. Es mucho más sencillo «ir a contracorriente» si no importa perderse de vez en cuando. Éste es otro aspecto en el que resulta importante que los padres vigilen su propio comportamiento. Si la madre es una perfeccionista que cuida hasta el último detalle de sus creaciones, o si el padre es tímido a la hora de expresarse por temor a parecer ridículo, entonces ¿cómo se supone que el pequeño Johnny va a saber que está bien que él se comporte de forma distinta?

• Confianza en uno mismo

Al niño creativo le importa menos lo que los demás puedan pensar de él que lo que él piensa de sí mismo. Además, este hecho resulta positivo porque, por definición, las ideas creativas son ideas diferentes, y ser «diferente» no siempre se lleva bien con los demás niños o con los adultos. Es por eso por lo que resulta tan importante poseer un club de fans en la propia casa. Un niño pequeño necesita sentir que sus padres creen que él construyó el mundo y lo puso en funcionamiento. Eso no significa que ustedes tengan que elogiar todo lo que haga o diga, pero significa que ustedes tienen que ser muy cuidadosos para no desinflar su entusiasmo por compartir las cosas con usted. Después de todo, una gran parte de la alegría de hacer un descubrimiento está en explicarlo.

• Tolerancia ante la ambigüedad

Esta frase se refiere al hecho de que los niños creativos no se molestan cuando no hallan una solución de forma instantánea. Como el clásico aficionado a los rompecabezas, ellos prueban con paciencia una pieza tras otra hasta que encuentran las que encajan. Los niños creativos están ocupados pero no frenéticos. Ellos confían en que la imagen finalmente aparecerá si lo intentan con la suficiente insistencia. Los padres pueden favorecer esa paciencia si valoran el «proceso» tanto como el «producto». No espere a elogiar a su hijo hasta que la obra maestra esté completamente acabada. Hágale saber que usted es consciente de sus esfuerzos durante todo el proceso y que usted cree que es fantástico que esté dedicando tiempo a hacer un buen trabajo.

Las vacaciones son una época maravillosa para estimular la imaginación, siempre que usted consiga librarse de la idea de que las tarjetas de San Valentín, los huevos de Pascua y las calabazas tienen que ser de una forma determinada. Así que saque los rotuladores, los adhesivos, la purpurina, o cualquier cosa que le apetezca a su hijo, ¡y lo que tenga que ser, será!

• Base de conocimientos

Antes de que a nadie se le pueda ocurrir algo *nuevo*, su hijo tiene que tener un conocimiento bastante bueno de lo que es *viejo*. Los niños creativos llegan a comprender este fundamento al principio de su vida y trabajan duro y de buen grado para acumular toda la información al respecto que les sea posible. Han aprendido que la recompensa a todo ese duro trabajo será la maravillosa sensación de haber unido correctamente todas las piezas. Experiencias como éstas resultan verdaderamente adictivas, y cuantas más tengan los niños, más desearán tener. ¡Y ésa es una adicción que todo padre puede permitir!

No obstante, los padres pueden estar pregonando la importancia del conocimiento hasta la saciedad y seguir teniendo un hijo que asuma que las grandes ideas aparecen de forma milagrosa en los sueños. Es por ello por lo que sugerimos que los padres adopten un enfoque indirecto. Está demostrado que una de las formas más efectivas de convencer a los niños de que el esfuerzo que supone recopilar conocimientos merece la pena, consiste en animarlos a que empiecen una colección de algún tipo. Evidentemente no estamos hablando de cromos de Pokémon, muñecas Barbie ni ningún otro producto con grandes campañas publicitarias en televisión. Nosotras pensamos en grupos de cosas que estén fácilmente disponibles en la vida de cualquier niño, artículos que puedan ordenarse, conservarse y exhibirse con facilidad.

Desde luego, los niños muy pequeños tendrán que confiar en las diferencias que puedan observar por sí mismos en lugar de aprenderlas de los libros. Pero eso es perfecto. Una colección de flores silvestres prensadas entre las páginas de un libro, conchas marinas ordenadas en cajas de huevos o imágenes de dinosaurios colgadas de la pared pueden ser una fuente de orgullo para su hijo. Al final, las diferencias se vuelven más sutiles. Antes de que se den cuenta, los niños están ejercitando las capacidades del razonamiento, que son la materia prima para el pensamiento creativo. Ellos comparan y contrastan diferentes especímenes: «Estos dinosaurios vuelan, pero esos otros no». Se enfrentan a las relaciones jerárquicas: «Este dinosaurio es al mismo tiempo grande y carnívoro». Trabajan duro para recordar toda la información para así poder identificar fácilmente los nuevos tesoros: «¡Oh, nunca antes había visto un dinosaurio grande, carnívoro y que volara!». La parte más bonita de todo esto es el hecho de que mientras usted exclama *ohhh* y *ahhh* ante los tesoros de su hijo, puede sentirse orgulloso por habérselas arreglado para aprender secretamente una lección muy valiosa sobre la alegría del aprendizaje sin que ellos se hayan dado cuenta.

Las características de la teoría de la creatividad de Sternberg y Lubart que acabamos de exponer tienen múltiples usos. Con independencia de cuál sea el campo (arte, poesía, música, ciencias, filosofía), el niño que haya recibido esos dones tendrá mayores posibilidades de conservar su tendencia innata a ser creativo que el niño que no los haya recibido. En palabras de Sternberg y Lubart: «Tenemos que crear entornos [en el hogar] que estimulen, valoren y recompensen la excelencia creativa porque esos entornos no necesariamente estarán esperando ahí fuera».

La carpeta de arte del pequeño

Los niños de dos años de los que tratábamos en la parte final de las «Últimas noticias» se sentían felices, ocupados en garabatear sus impresiones personales de su madre y su padre, mientras éstos se sentían igualmente felices, ocupados en apreciar cómo sus hijos sabían mucho más de dibujo de lo que ellos nunca hubieran soñado. Pero hay más buenas noticias. La destreza artística de un niño pequeño va mucho más allá de la representación simbólica de sus dos personas preferidas. Y teniendo en cuenta que precisamente los niños todavía no se ven en la necesidad de ser realistas, tienen una libertad mucho mayor para elegir *qué* es lo que quieren dibujar de la que tienen los hijos mayores. Dé un lápiz de color a un niño de cinco años y lo más probable es que él dibuje alguna *cosa*, poniendo especial importancia en las partes que la componen, aunque sea de una manera tosca. Pero dé el mismo lápiz de color a un niño de dos años, y es muy probable que él haga rayas por todo el papel y diga: «El conejo va corriendo», o que haga espirales y líneas y diga: «Katie está bailando» (como Linda observó hacer a su propia hija). Esa libertad de expresión resulta muy difícil de

Esta pequeña se halla en la encrucijada entre el deseo de dibujar de forma realista (como en el caso del manzano) y el deseo de liberarse de la realidad y ser creativa. Los padres pueden ayudar a los niños a que mantengan un equilibrio saludable entre ambos.

preservar si el público de esa persona (en el caso del niño, los padres y los profesores) aprecia la sofisticación técnica por encima de cualquier otra cosa. ¡Puede ver por qué Picasso tenía tanta envidia!

Aunque la mayoría de niños no se convierten en Van Goghs o Picassos, no existe ninguna razón para que no puedan disfrutar durante su crecimiento de toda la gama de expresiones artísticas. Aquí tiene algunos consejos que le ayudarán a salvaguardar la creatividad innata en este importante terreno:

Consejos para padres

• A PARTIR DE 12 MESES

Crearlo por sí mismos no es la única manera que tienen los niños de aprender acerca del arte. Ellos también obtienen indicios sobre lo que es «buen» arte y lo que es «mal» arte del entorno que les rodea. Aunque los padres no pueden hacer gran cosa por el arte fuera de casa (excepto hacer visitas a museos), pueden hacer una gran labor dentro de casa para promover la idea de que el arte no tiene que ser necesariamente realista para ser «bueno». Preste atención a las pinturas que elige para decorar sus paredes, asegúrese de que está representada una selección de estilos, y hable sobre ellas con su hijo. Y aquí tiene un consejo especialmente importante: sea consciente de cómo afectarán sus prejuicios artísticos sobre los libros que escoge traer a su hogar desde la biblioteca o la librería. Cuando mis hijos eran pequeños, pude comprobar que yo tendía de forma inconsciente hacia los libros con ilustraciones más realistas. Lo hacía en parte porque de verdad disfrutaba contemplando obras de artistas de talento, pero también porque yo tenía asumido que las pinturas detalladas atraerían más la atención de mis hijos. Sin embargo, la verdad es que la cantidad de color y el número de sorpresas que se encuentran en una ilustración resultan más útiles para predecir el grado de atención de un niño. Así que, una vez más, para variar, evite enviar el mensaje de que «realista» equivale a «mejor». Nos damos cuenta de que este consejo sobre el arte en el hogar puede resultar un poco doloroso para aquellos adultos que se hayan limitado a comprar el lote realista. Pero si usted está realmente interesado en educar la creatividad de su hijo, el viejo dicho sigue siendo cierto: procure practicar lo que predica.

Cuando su hijo reivindique que un garabato es un objeto determinado, pídale de forma habitual que le muestre dónde están localizadas las diversas partes. Para inducir aún más al pensamiento creativo, de vez en cuando sugiérale que dibuje «a mamá apoyada sobre su cabeza», desafiándolo de ese modo a que haga rotar mentalmente la «representación» de su madre dibujada en los garabatos. Y además de sugerir objetos reales como tema de los dibujos, invente animales imaginarios. «Mm..., ¿has visto alguna vez un troliloqui? ¡Vamos a dibujar uno!» Después añada usted partes que compongan la imagen, como ojos, orejas o colas. Además, no olvide que a los niños les gusta representar acciones y no sólo objetos. Así que en lugar de sugerir a su hijo que se limite a dibujar «un caballo» o a «papá», pídale que dibuje un caballo al galope o a papá bailando. Como señalamos anteriormente, a menudo los niños superan el reto con movimientos espontáneos de sus lápices, de una forma que captura la esencia de estas actividades. Y si ellos no lo hacen por su propia iniciativa, tome la delantera y enséñeles de qué está hablando. Por último, y aunque no es necesario que se lo recordemos, asegúrese de felicitar a su hijo por cualquier logro creativo que consiga.

Una manera fácil y divertida de estimular la creatividad es animar a su hijo a que vea objetos dentro de sus garabatos. Por ejemplo, Kate, la hija de Linda, convirtió el garabato de la figura de la izquierda en el muñeco de nieve de la figura de la derecha.

• A PARTIR DE 18 MESES

¿Recuerda ese antiguo juego en el que un amigo y usted se estiran en la hierba para contemplar las nubes y, por turnos, describen a qué se parecen? Pues es la versión naturalista del test de Rorschach de las manchas de tinta. Bueno, a los niños pequeños les gusta tanto este tipo de juego como a usted y a mí. Mientras miraba pensativamente uno de los garabatos que había dibujado al azar, uno de los niños que formaban parte del experimento de Dennie Wolf y sus colegas anunció con orgullo que acababa de dibujar «a un pelícano besando a una foca». ¡Eso es creatividad! Después prosiguió y añadió ojos y pecas para que el parecido fuera todavía más convincente. Siguiendo el camino marcado por este niño, intente el siguiente juego con su hijo: utilizando un garabato que haya hecho su hijo o uno que haya dibujado usted mismo, pregúntele: «A ver... ¿Qué crees que es este dibujo?». Si no responde por sí solo, hágalo usted, señalando las diferentes partes y añadiendo detalles clarificadores que le ayuden a crear la conexión. ¡Las sugerencias más simples son las mejores!

• A PARTIR DE 30 MESES

¿Qué puede hacer usted si, a pesar de sus mejores esfuerzos, su hijo se empeña en dibujar las cosas de forma realista? Aquí tiene una cosa que no debe hacer: no debe criticar sus creaciones. Lo único que conseguirá su bienintencionado «consejo» es hacer que sea más probable que su hijo no vuelva a dibujar *nada* en el futuro. Lo que usted puede hacer, según el psiquiatra pediatra doctor Stanley Greenspan, es dibujar el mismo objeto que su hijo acaba de dibujar, pero dibujarlo de una forma que sea *creativa*. Digamos, por ejemplo, que su hijo le muestra orgullosamente su última obra maestra, y resulta ser el típico manzano con las manzanas rojas. Después de compartir su entusiasmo por el dibujo, dibuje usted mismo un manzano, pero hágalo del revés, o con las hojas rojas y las manzanas verdes, o con las manzanas colocadas formando una cara feliz, o... capta la idea, ¿verdad? Y después pregúntele: «¿Se te ocurre algún otro manzano absurdo que podamos dibujar?». A los niños les encantan las incongruencias como ésta, y se meterán en el juego con entusiasmo, sin darse cuenta en absoluto de que usted les ha «puesto el anzuelo» y ellos «han picado».

¡ÚLTIMAS NOTICIAS!

Los científicos advierten: «Es muy probable que no apreciemos las primeras bromas de los bebés»

Davis, California. Cada jueves, con la puntualidad de un reloj, el tío Peter llegaba a casa de Kai, de veinticuatro meses, lo montaba en su cochecito y desaparecía con él para almorzar en su pizzería favorita. Cuando ya habían encargado la pizza, siempre se dirigían en línea recta hacia el mostrador de las ensaladas, donde Peter cogía un puñado de cacahuetes y de pasas para que les ayudaran a calmar su hambre mientras esperaban la comida. Peter solía ser el que mantenía la mayor parte de la conversación mientras picaban de sus «entremeses». Sin embargo, este jueves en particular, Kai tomó la iniciativa. «¡Cacahuete!», anunció con orgullo mientras señalaba una pasa. «Nooo, Kai», corrigió Peter con paciencia, señalando un montón y después el otro. «Eso son pasas. Y esto son cacahuetes.» Sin desanimarse, Kai señaló de nuevo la misma pasa y repitió, con más énfasis: «¡Cacahuete!». Peter, asumiendo todavía que Kai estaba equivocado, volvió a corregirlo. Para entonces Kai parecía indudablemente frustrado. «¡Goma!», dijo él con insistencia, «¡goma!». A lo que Peter respondió pausadamente: «No, Kai, te equivocas. Los cacahuetes no son de goma». De repente, los ojos de Kai se llenaron de lágrimas. Fue entonces cuando Peter se dio cuenta de que en realidad era *él* quien estaba equivocado por completo. «¡Oh, *broma*! ¡Desde luego! ¡Tratabas de gastarme una broma!» Tras esas palabras Peter comenzó a reírse y los ojos de Kai se iluminaron llenos de alegría. Parecía estar muy aliviado al comprobar que, después de todo, el tío Peter tenía sentido del humor.

El tío Peter tenía una razón especial para sentirse muy disgustado por no haber entendido la broma. Al fin y al cabo, él era un psicólogo dedicado a la investigación y había estado involucrado en varios proyectos con niños de la edad de Kai. Conocía las obras que hablaban del humor de los niños, especialmente el trabajo del doctor Paul McGhee. Según McGhee, los niños comprenden la esencia del humor muy pronto, entre los seis y los nueve meses. ¿Y cuál es esa esencia? La sorpresa, lo cual no es nada sorprendente. No importa lo jóvenes o viejos que seamos, nos reímos cuando nos sorprendemos, cuando no se sucede lo que esperábamos. Los bebés aprenden este hecho por vez primera al sorprenderse cuando, por ejemplo, su madre dice «¡Cucú!» mientras aparta las manos y descubre su rostro. Sin embargo, cuando tienen la edad de Kai, los niños están preparados para ocupar el centro del escenario del Club de la Comedia. Pero si el tío Peter, a pesar de su formación, se perdió el «número estrella», una se pregunta cuántos otros momentos divertidos se pierden en silencio por la acción de adultos que no son conscientes de las formas precoces del humor.

La risa es la mejor medicina, a cualquier edad

Una de las verdaderas bendiciones que tiene el ser humano es la capacidad de reír. La risa libra a nuestras mentes de los problemas, aunque sólo sea por un instante. La risa reduce la tensión entre las personas antes de que las cosas se pongan difíciles. La risa aumenta nuestro ritmo cardíaco y estimula nuestra sangre para que circule de forma eficaz. Y, por último, pero no menos importante, la risa nos hace sentir felices. No es de extrañar que sean las tiras cómicas la parte más popular del periódico cada día.

Los beneficios de la risa no sólo son aplicables a los adultos, sino que también lo son a los niños desde que son bebés hasta la edad preescolar. Los padres y los profesores trabajan duramente para convertir las lágrimas en sonrisas y risitas, con el conocimiento intuitivo de que el humor sirve para atenuar las situaciones negativas y para hacer que todos los grupos tengan más voluntad de cooperación. Pero lo que los adultos a menudo pasan por alto es que los niños empiezan a refinar sus propias habilidades para la comedia a edades impresionantemente precoces. Echemos un breve vistazo a la visión que tienen McGhee y otros estudiosos de los aspectos más destacados del desarrollo del humor, comenzando en la etapa más precoz, cuando los adultos todavía deben tomar la iniciativa:

• ¡Es la hora de las cosquillas!

Como cualquier padre puede decirle, el primer escenario para el humor es el escenario físico. Es muy probable que las primeras risas de un bebé sean el resultado de un festival de cosquillas. Y cuando el bebé crece y se vuelve más inteligente, las cosquillas provocan todavía más risa cuando se sabe con anticipación que van a llegar. Por ejemplo, cuando

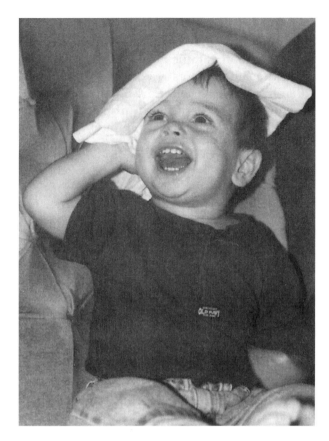

Hacer el tonto de manera intencionada constituye un paso importante en el desarrollo del humor. A los niños les encanta hacer cosas inapropiadas con los objetos, ¡como convertir un pañal en un sombrero!

se producen al final de una de las rutinas preferidas del bebé. Tomemos como ejemplo la siguiente canción infantil inglesa:

Como un osito de peluche, por todo el jardín.
Un paso, dos pasos, ¡hazme cosquillas aquí!

No es necesario decir que la última línea es la señal de que los dedos de papá van a encontrar la barriguita del bebé. Y cuando lo hacen, vienen en tropel.

• Se sube el telón para la práctica del «pañal en la cabeza»

El humor físico toma una nueva forma poco después del primer cumpleaños, convirtiéndose en algo más visual que táctil. En esa época los bebés se familiarizan con las funciones rutinarias de los objetos específicos, lo que quiere decir que encuentran graciosa cualquier situación en la que no sucede lo que ellos esperaban. Simule que un plátano es un teléfono y verá como su hijo de dieciocho meses se parte de risa. Intente meterse dentro del peto de su hijo, y la casa se vendrá abajo de las carcajadas. También se sentirán con ganas de gastarle su propia broma (de ahí proviene el título de esta etapa del desarrollo del humor).

• Una rosa con cualquier otro nombre es... divertida

Aquí hace su aparición la «goma» de Kai acerca de los cacahuetes. Cuando los niños pequeños empiezan a acumular nuevas palabras, comienzan a experimentar en su nuevo y excitante mundo del lenguaje la misma alegría que encontraron en las funciones divertidas de los objetos. Los padres pueden aprovecharse de este hecho en cualquier momento y en cualquier lugar que deseen. Siempre hay cosas a nuestro alrededor cuyos nombres se pueden cambiar. Pruebe a llamar a sus hijos por el nombre de cualquier otra persona, o a llamar al gato por el nombre del perro. Y, mientras se pone los zapatos de su hijo, pruebe a llamar zapato a un calcetín y calcetín a un zapato (y sonría mientras lo hace). Como descubrió finalmente el tío Peter, a los niños pequeños también les encanta gastar este tipo de «gomas». Así que cuando su hijo llame las cosas con nombres equivocados, esté atento a la chispa en su mirada antes de dar por sentado que necesita una lección de vocabulario. Recuerde, a esas edades, hacer el «tonto» es una de las pocas maneras de expresar la creatividad. Si no valora un número suficiente de las bromas precoces de su hijo, como cualquier otra persona cuyos chistes no hacen gracia una y otra vez, al final él se sentirá menos inclinado a intentarlo de nuevo.

• La hora de las cosquillas y las rosquillas

A medida que los niños se encuentran más cómodos con el lenguaje, comienzan también a analizar las palabras y los sonidos que las componen. Es en ese instante cuando las canciones infantiles se vuelven particularmente encantadoras. Y es también en ese instante cuando el humor de los niños se expande para incluir la manipulación creativa de los sonidos que forman las palabras. Ambas autoras sabemos, gracias a la experiencia personal, que, por ejemplo, la frase *manzanas y plátanos* puede experimentar lo que parecen ser miles de variaciones durante un viaje de cuatro horas en coche (como «man-enaas y plát-enaas», «man-unaas y plát-unaas», etcétera, etcétera).

• ¿Cuál es el pez que huele peor? El pez-toso

A medida que aumenta la capacidad de apreciar los sonidos individuales que componen las palabras, los niños descubren la naturaleza divertida de los acertijos; en particular el tipo de acertijo en el que la respuesta es sorprendente e implica la modificación de palabras o frases familiares cambiando alguno de sus sonidos. Aquí tiene algunos ejemplos:

P: ¿Cuál es el animal marino más tranquilo?

R: ¡El calma-mar!

P: ¿Qué pide un perro en un restaurante de comida rápida?

R: ¡Una hamburguesa con doble de hueso!

P: ¿Qué tipo de lagarto come mucha lechuga?

R: La ensala-mandra.

• Acertijos con significado

Incluso los acertijos experimentan cambios y evolucionan a medida que los niños se convierten en personas más complejas. Manipular sonidos, como en los acertijos que hemos mencionado anteriormente, no pierde su magia. Pero esos acertijos evolucionan para crear una nueva variedad: aquellos que se basan en el hecho de que algunas palabras tienen más de un significado. Aunque esta explicación suene muy académica, los acertijos resultantes son una fuente inagotable de carcajadas para los niños de unos cuatro años en adelante.

P: ¿Cuál es la fruta preferida de los arquitectos?

R: Las manzanas.

P: ¿Cuál es la prenda favorita de Tarzán?

R: El mono.

Admítalo. Como mínimo ha sonreído con alguno de estos acertijos, ¿no es verdad? Si lo ha hecho, entonces es evidente que usted aún es lo suficientemente joven de espíritu como para apreciar el viaje que está emprendiendo como futuro humorista a través de las etapas del desarrollo del humor. Recuerde, apoyar los intentos humorísticos de su hijo es realmente importante porque, en su esencia, el humor es creativo. Aunque su hijo simplemente esté volviendo a explicar una broma que haya escuchado en algún otro lugar, él tendrá que hacer una cierta gimnasia mental para entender el humor. Y en esas ocasiones en las que el niño se presente con una broma de su propia cosecha, como hizo Kai con su tío Peter, es el momento de estar todavía más impresionado. Nada de esto resulta sencillo, y aquellos que lo practican de forma correcta demuestran tanto flexibilidad mental como creatividad, con independencia de la edad.

Los siguientes consejos están pensados para ayudarle a obtener el máximo de la inclinación natural de su hijo a reír y a hacer reír, y para pasarlo muy bien durante todo el proceso.

Consejos para padres

• A PARTIR DEL NACIMIENTO

Busque los «juegos de las carcajadas» que más les gusten tanto a su bebé como a usted, y juegue a ellos a menudo. Para algunos bebés de algunas edades, éstos deben incluir contacto y movimiento, ya sea de forma suave (como que los envuelvan en una toalla y que les hagan cosquillas después del baño) o de forma no tan suave (como que los lancen al aire). Es posible que otros bebés encuentren particularmente graciosos los sonidos extraños que emanen de su boca, o partirse de risa al ver las caras divertidas que haga su hermano mayor. Sea cual sea la práctica, recuerde que los niños de cualquier edad aprenden con facilidad qué es lo que deben esperar en una situación. Por ejemplo, los bebés comprenden con mucha rapidez que el lanzamiento al aire viene después de la frase: «Preparados, listos, ¡ya!», o que los dedos que hacen cosquillas atacan después de contar hasta tres. De hecho, las carcajadas suelen comenzar a producirse cuando el niño anticipa lo que va a ocurrir, del mismo modo que los adultos comienzan a reír cuando se acerca una escena divertida en alguna de sus películas preferidas. Por último, como hemos explicado en el capítulo 3, la oportunidad de crear expectativas como éstas, además de las propias cosquillas o el lanzamiento al aire, es agradable por sí misma.

Cuando su bebé se haga un poco más mayor, comience a diseñar, o rediseñar, actividades rutinarias que incluyan papeles que él pueda representar. Como mencionamos en las «Últimas noticias», el juego del «cucú» se puede organizar de esta manera. Todo lo que debe hacer es invitar a su hijo a que le aparte las manos o a que levante la prenda de ropa para descubrir su rostro, en lugar de hacerlo usted mismo. Otro de los juegos favoritos de toda la vida es el de «la mejilla explosiva», en el que el adulto infla las mejillas y el bebé hace salir el aire apretando con sus dedos índice. Éste es un juego infalible para los niños de diez a dieciocho meses. Cuando su hijo se hace aún más mayor, las prácticas pueden volverse más

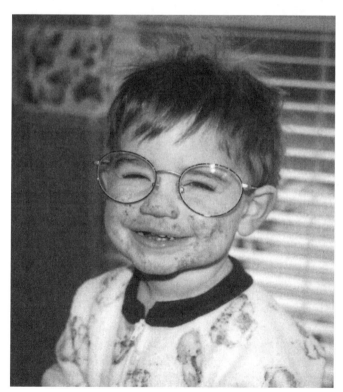

En el caso del pequeño Adam, es difícil saber para quién resultó más divertido lanzarle un pastel de cereza a su rostro, ¡si para el padre o para el hijo! (La madre aportó las gafas de tontorrón.)

y más elaboradas. Aquí tiene una que les gustaba especialmente a Kate y Kai, la hija y el hijo de Linda:

«Llama a la puerta» *(El niño le golpea la frente con los nudillos.)*

«Echa un vistazo» *(El niño le levanta el párpado.)* «Levanta el pestillo» *(El niño le levanta la nariz.)*

«¡Y entra!» *(El niño le baja la barbilla con una mano y mete los dedos de la otra mano dentro de su boca.)*

• A PARTIR DE 12 MESES

Haga el tonto. Esté atento y aproveche cualquier oportunidad de comportarse de manera absurda, o de hacer cosas extrañas con objetos fami-

Hacer el tonto es aún más divertido si se hace en compañía.

liares, como intentar meter el zapato de su hijo en su propio pie o dar de beber a la imagen de un bebé con el biberón de su hijo. Como explicación, limítese a decir: «¡Soy tan tonto!». Aquí tiene tres ventajas que conlleva comportarse de esa manera: (1) estará proporcionando a los pequeñines una forma de humor que les gusta especialmente; (2) estará dando forma a acciones que ellos no esperan y que por lo tanto requieren una cierta gimnasia mental por su parte, y (3) usted estará comunicando la noción fundamental de que «hacer el tonto» está bien visto. Recuerde, «la voluntad de asumir riesgos sensatos» es un requisito previo indispensable para la creatividad en cualquier terreno.

• A PARTIR DE 24 MESES

Aprenda a explicar historias divertidas: historias con personajes de aspecto singular («¡Había una vez un perro que tenía cuatro colas!»), que hagan cosas que parezcan singulares («¡Un día dio un salto mortal y aterrizó en el techo!»). No importa si esas historias no tienen sentido. De hecho, cuanto más extravagantes sean, mejor. También resulta divertido escoger un cuento tradicional que su hijo ya conozca y darle la vuelta. Por ejemplo, haga que Bebé oso (de «Ricitos de Oro y los tres osos») visite su casa y pruebe su propia cama, la cama de su hijo y la de su perro, o haga que los cerditos de «Los tres cerditos» construyan sus casas con bastones, limones y sillones.

• A PARTIR DE 36 MESES

Por último, y aunque no haría falta decirlo: ríase de todas las bromas y los acertijos de su hijo, sin importar cuántas veces los haya oído. Venza el impulso de pronunciar usted mismo las frases clave. En otras palabras, cuando su hijo le pregunte: «¿Qué animal tiene los pies en la cabeza?», la respuesta correcta es: «*No* tengo ni idea, cariño. ¿Cuál?». Su recompensa será la expresión de satisfacción en el rostro de su hijo mientras anuncia orgullosamente lo que usted ya sabía desde que tenía su edad: «¡El piojo!».

¡ÚLTIMAS NOTICIAS!

Se recomienda a los padres que reciban con los brazos abiertos a los amigos imaginarios

Eugene, Oregón. Caroline, de tres años de edad, y Greg, su padre, se estaban preparando para salir cuando Caroline se detuvo repentinamente como si acabara de recordar algo. «¿Papá, puede venir Bichito también?» Greg, que no tenía ni idea de lo que estaba hablando su hija, miró por toda la habitación buscando algo que pudiera merecer el nombre de Bichito. Al no ver a ningún candidato apropiado, respondió con tono de burla: «Bueno, creo que sí. Pero, ¿quién es Bichito exactamente?». La réplica llegó rápidamente y llena de entusiasmo: «Es mi amigo. Lleva un sombrero de vaquero y casi siempre come pizza, y vive en mi oreja». «¿Vive en tu oreja?», preguntó Greg, pasando por alto el asunto del sombrero de vaquero y la pizza por el momento. «Claro», respondió Caroline con toda naturalidad. «Es un lugar bonito y calentito. A esta *batería* le gusta vivir en lugares calentitos. Salta fuera cuando me ducho». ¿Bacteria? ¡Vaya! Resulta que Bichito, el nuevo amigo de Caroline, no era nada más que una bacteria pistolera más rápida que su sombra. Como descubrió Greg, el profesor de preescolar de Caroline había mostrado poco tiempo atrás a los niños algunas bacterias a través de un microscopio, con la esperanza de que eso les motivara a que se lavaran las manos más a menudo. En el caso de Caroline, como era obvio, la demostración había fracasado. Ella las encontraba totalmente adorables.

Greg sabía que su hija era imaginativa. Estaba acostumbrado a que los animales de peluche preferidos de Caroline les acompañaran en sus viajes al supermercado y a que tuvieran concedidos privilegios especiales a la hora de dormir. Pero con este asunto de Bichito, Caroline parecía haber entrado en un mundo de fantasía completamente nuevo. Marjorie Taylor, una investigadora de la Universidad de Oregón, se muestra de acuerdo. Al crear un amigo partiendo de la nada, Caroline ha dado un importante salto adelante en el desarrollo cognitivo. Ella ya no necesita que sus fantasías dependan de alguien a quien pueda ver y sentir. Ahora puede hacer todo el trabajo dentro de su mente. Según Taylor, Caroline ha creado algo de lo que estar orgullosa, un «compañero imaginario».

¡No se preocupe!

La idea de que los amigos que no existen podrían ser motivo de una celebración es completamente nueva. Durante muchos años, se advertía a los padres de que la llegada de un compañero de mesa imaginario a la hora de la cena era una señal de problemas emocionales profundamente arraigados. Existía una teoría que sugería que la existencia de un «vacío» dentro de la psique del niño era lo suficientemente dolorosa para motivar que el niño quisiera rellenar el espacio en blanco con, por así decirlo, un amigo imaginario. La teoría continuaba afirmando que este vacío era el resultado de interacciones insatisfactorias con otras personas, y los candidatos más probables, por supuesto, eran el padre y la madre. Un segundo panorama deprimente presentaba al niño saturado de deseos inaceptables. Para evitar la detección de este hecho, el niño crea una cabeza de turco: «Yo no soy el que quiere ver muerta a mi hermana Sarah, es él». Una ligera variación de esta línea argumental posterior mostraba la imagen de un niño tan infeliz con la realidad que empieza por negarla por completo, una tendencia que, si no se percibe a tiempo, puede convertirse en una incapacidad generalizada para distinguir lo real de lo irreal. ¡No es de extrañar que nuestros padres y abuelos se estremecieran cuando nos escuchaban anunciar que no íbamos a ir a ningún lado a menos que nuestra amiga María no pudiera acompañarnos!

Por fortuna, esas viejas nociones están dejando paso a nuevos puntos de vista basados en pruebas obtenidas en investigaciones y no en vagas conjeturas. Y las noticias que llegan de los laboratorios de todo el mundo indican que todo va bien. Hoy en día sabemos, por ejemplo, que la causa de que los niños desarrollen amigos imaginarios no es que la interacción con los niños reales resulte demasiado difícil, sino que les gusta tanto socializarse que quieren seguir haciéndolo incluso en aquellos momentos en los que los amigos reales no están disponibles. Es por ello por lo que los hijos primogénitos son más proclives a desarrollar amigos imaginarios que los que no lo son y también por lo que los niños que no van al jardín de infancia son más proclives a desarrollar compañeros imaginarios que aquellos que sí van. También sabemos que aunque los niños realmente utilizan a los compañeros imaginarios como «cabezas de turco», los delitos de los que de forma habitual intentan escapar no son demasiado intrigantes en el aspecto psicológico. Es mucho más probable que los delitos sean situaciones difíciles ordinarias de las que el niño quiere salir sin recibir ningún castigo (como quién ha roto la lámpara, quién se ha comido los caramelos o quién ha pintado con lápices de color en la pared). Sentimos desilusionarle, doctor Freud.

Las buenas noticias se vuelven aún mejores

Ciertamente, resulta tranquilizador saber que los compañeros imaginarios no son motivo de preocupación, pero las buenas noticias no acaban aquí. La investigación está demostrando una y otra vez que los niños que desarrollan amigos imaginarios disponen de una ventaja real en una gran variedad de aptitudes sociales y cognitivas sobre los niños que no los desarrollan. Dado que ambos tipos de aptitudes contribuyen de forma directa al éxito escolar, echemos un vistazo a cada uno de ellos por separado.

Tener aptitudes sociales no sólo significa tener amigos en el recreo, aunque eso constituye realmente un valor añadido. También marca la diferencia dentro del aula. Los niños que son competentes socialmente son más proclives a comunicarse con una gran variedad de personas en las situacio-

Los compañeros imaginarios aparecen y desaparecen con mucha rapidez. Para ayudar a que tanto usted como su hijo los quieran cuando todavía estén entre ustedes y los recuerden cuando se hayan ido, intente dibujar retratos basándose en las descripciones de su hijo.

nes del día a día (por ejemplo, con los profesores); a obtener respuestas positivas de las personas (por ejemplo, de los profesores), y a inspirar a las personas para que les concedan el beneficio de la duda cuando fracasen (por ejemplo, a los profesores). ¿Ya tiene la idea? Es por ello por lo que el hecho de descubrir que los niños con amigos imaginarios tienden a ser menos tímidos constituye una buena noticia. Además, comentario aparte de esta ventaja es que ellos también son más capaces de soportar los frustrantes períodos de espera, quizá porque ellos tienen compañeros incorporados con los que compartir esa espera. Todas estas buenas noticias acerca del aspecto social se encuentran recogidas en el fascinante libro *La casa de la imaginación*, de Dorothy y Jerome Singer: «[Tener un amigo imaginario] parece ser un factor de predicción especialmente decisivo de la posibilidad de que un niño juegue con alegría en un jardín de infancia y de que coopere con sus amigos y con los adultos».

Las noticias son igualmente buenas en el aspecto cognitivo. En nuestro propio laboratorio, por ejemplo, comprobamos constantemente que los niños con compañeros imaginarios tienen un nivel más avanzado de desarrollo del lenguaje que los niños sin compañeros imaginarios. También averiguamos que nuestros niños con compañeros imaginarios obtenían una puntuación considerablemente mayor en el clásico test de inteligencia para niños de dos años conocido como Bayley IDM (inventario de desarrollo mental). Marjorie Taylor y sus estudiantes informan de otras ventajas cognitivas. En general, tener un compañero imaginario es señal de una comprensión más completa (y no menos completa) de las diferencias entre realidad y fantasía. Estos niños saben perfectamente que sus amigos no son reales, que su madre y su padre no pueden verlos. Pero lo que también quieren saber es cómo «explorar» con sus procesos mentales, cómo manipularlos, cuando y como ellos quieran.

Los niños con compañeros imaginarios también tienen un cierto impulso inicial en otra habilidad cognitiva. Estos niños son capaces de tener en cuenta lo que las *otras* personas piensan. Ellos demuestran esta aptitud cada vez que intentan conseguir que su madre y su padre se unan a ellos en su fantasía. Así que recuerde, cuando prepara un cubierto extra en la mesa para que el osito Boo cene con ustedes, o cuando ajusta cuidadosamente el cinturón de seguridad alrededor de Rob Bob, usted no está dando su consentimiento a un engaño. Muy al contrario, usted está enviando el mensaje de que usted cree que su hijo es realmente inteligente y de que usted aprueba lleno de ilusión sus intentos de resultar creativo. Los sentimientos de orgullo que resultarán le ayudarán a estimular a su hijo para que encuentre otras maneras de ser creativo e incrementará la posibilidad de que sus flujos creativos sobrevivan a los años de escuela. Con este pensamiento en la mente, resulta sencillo comprender los resultados de un estudio de C. E. Schaefer, que efectuó un informe en el que afirmaba que tanto los niños como las niñas que, según sus profesores de secundaria, mostraban un mayor grado de creatividad, eran los más proclives a haber tenido compañeros imaginarios cuando eran niños. El mensaje es claro: la creatividad puede superar la prueba del tiempo.

Como hemos dicho anteriormente, la inclinación natural de los niños es la de convertirse en personas menos creativas y no en personas más creativas cuando se hacen mayores. Aquí tiene algunas técnicas con las que usted puede apoyar el desarrollo y la supervivencia de la imaginación de su hijo durante el período que va de su nacimiento a los tres años e incluso más allá.

Consejos para padres

• A PARTIR DEL NACIMIENTO

¡Limite el tiempo de televisión! Uno de los hechos referentes a la imaginación en general y a los compañeros imaginarios en particular que hallamos con mayor frecuencia es que la televisión, en lugar de ayudar al desarrollo de la imaginación, lo dificulta. No es difícil ver el porqué. Muy a menudo, ver la televisión se convierte en una actividad pasiva que ofrece información al niño sin que ésta suponga ningún esfuerzo intelectual para él, en lugar de desafiarlo a que piense por sí mismo. Ni siquiera los programas educativos pueden superar completamente esta desventaja. Eso no significa que programas como *Barrio Sésamo* no enseñen un gran número de cosas importantes. Sí que lo hacen. Lo que ocurre es que la imaginación no es una de ellas.

• A PARTIR DE 9 MESES

Modele su forma de jugar a los juegos imaginarios. Los niños pequeños imitan de forma natural lo que hacen las personas importantes que hay en su vida, desde comer con cubiertos a vestirse y arreglarse con ropas de adulto. Así que, ¿el siguiente paso no es pensar que verle utilizar su imaginación le inspirará a hacer lo mismo? Al mismo tiempo, usted también les estará dando algunas sugerencias sobre cómo tratar el tema de la simulación (que las mascotas pueden hablar, que los «argumentos» pueden ser tontos, que las piezas pueden ser coches e incluso que las personas mayores creen que cualquier idea es buena). Sus esfuerzos deberían comenzar a una edad muy temprana. El simple hecho de sorber té imaginario de una taza o dar un bocado imaginario a una de las galletas de su bebé es ya un buen comienzo. Muchos padres se comprometen con este juego de forma natural, pero nuestra investigación demuestra que muchos padres que también deberían hacerlo (en especial, padres de varones) no lo hacen. Como señalamos en el capítulo 5, este tipo de juego tiene la ventaja añadida de promover el desarrollo del lenguaje. De hecho, no se nos ocurre ni un solo inconveniente al hecho de que usted juegue a juegos imaginarios con su hijo.

• A PARTIR DE 24 MESES

Intente rodar «películas» en vídeo de las historias imaginarias de su hijo, y después véanlas juntos, con palomitas y todo lo demás. Cuando lo haga, es importante librarse de cualquier expectativa que pudiera tener sobre la lógica. Está bien que el pastel simulado esté glaseado antes de estar horneado o que la carta simulada se reciba antes de echarse al buzón. Recuerde, al final, la lógica aparecerá en escena. De hecho, el mayor peligro es que la lógica, cuando llegue, se atrinchere con demasiada firmeza. Así que obtenga el máximo provecho de la oportunidad que se les presenta a ambos para divertirse con sus monólogos interiores. Proporcione muchos apoyos a su hijo para que pueda inspirarse. Estos apoyos pueden incluir artículos que tengan un propósito que resulte obvio (como máscaras, sombreros, flores de plástico, disfraces o comida de juguete) y también algunos cuyo propósito no sea tan obvio. Los objetos que pueden funcionar de muchas maneras distintas (como cajas, bolsas de papel, sábanas viejas, cojines o grandes pañuelos) pueden ser especialmente inspiradores. Anime a su hijo a que cree nuevos «lugares» cubriendo una mesa de juegos con una sábana o apilando cojines de sofá para construir una fortaleza. Ponga como fondo música de marchas o canciones infantiles, ¡y reserve también un papel para usted en esas representaciones! Es muy divertido grabar vídeos así. También es muy divertido verlos, y sirven de maravillosos recuerdos.

Es muy importante que usted se una a su hijo en los juegos imaginarios cuando él todavía es demasiado pequeño para crear historias por sí mismo. También es una forma de rejuvenecer su propia imaginación.

• A PARTIR DE 36 MESES

Los consejos que le hemos proporcionado hasta ahora ofrecen ideas para la estimulación de la imaginación en general. Pero, ¿qué pasa el día en que usted descubre que Bichito, la bacteria simpática, ha fijado su residencia dentro del oído de su hijo? Hemos comentado que los compañeros imaginarios son buenos y que los padres deberían mostrarles su apoyo. Pero, ¿hay algo que puedan hacer los padres, más allá de limitarse a seguirles el juego, para obtener el máximo provecho de esta señal de la floreciente creatividad de su hijo? Aquí tiene una idea que nos dio una amiga nuestra. Cuando Jacob, el hijo de Kathy, tenía entre tres y cuatro años, inventó una familia entera de amigos imagina-

Jugar a disfrazarse (en este caso, de payaso) es una forma sencilla que tienen los niños para practicar el uso de la imaginación. Como cualquier otro «músculo», la imaginación necesita ejercitarse para desarrollarse con fuerza.

rios, y, si se le preguntaba, daba una descripción muy detallada de cada uno de ellos. Cuando Kathy se dio cuenta de que esos personajes no cambiaban demasiado con el paso de los días, de que parecían tener unas identidades estables dentro de la mente de Jacob, pensó en una manera maravillosa de ayudarle en el presente y al mismo tiempo conservar algo de este momento mágico para el futuro. Ella contactó con un amigo artista, quien accedió a sentarse con su hijo para dibujar retratos de su séquito imaginario, ¡algo muy parecido a lo que hacen los dibujantes de la policía con las víctimas de crímenes! Hoy en día, trece años más tarde, esos retratos no sólo evocan los recuerdos felices de un tiempo muy lejano, sino que también continúan recordando a Jacob que, en esa casa y en cualquiera de sus formas, la creatividad es un talento muy valorado.

La creatividad y el futuro de su hijo

Para más y más padres cada día, las palabras *creatividad* y *éxito* están fuertemente entrelazadas en las esperanzas y los sueños que tienen para sus hijos. Nosotras apoyamos firmemente el emparejamiento de esos dos conceptos, ya que refleja una visión más abierta que la que se tenía en el pasado de lo que significa ser creativo. La creatividad ya no está ligada mayoritariamente a los logros en el arte, la literatura o la música. Más personas que nunca ven la mano creativa en los grandes avances en la industria de los ordenadores, la medicina e incluso la economía de los que hemos sido testigos. Como hemos subrayado en este capítulo, la «creatividad» no es un don que la Madre Naturaleza puede haber concedido o no a su hijo. En lugar de eso, la creatividad es una actitud hacia el trabajo o el juego de la propia persona, o para ser más exactos, un conjunto de actitudes. Dentro de este conjunto hay factores que sirven para predecir con claridad el éxito en la escuela y en la vida posterior: la curiosidad, la confianza en uno mismo, asumir riesgos de una forma sensata y la voluntad firme de trabajar duro.

La verdad es que esas cualidades resultan igualmente aplicables al mago de los ordenadores que al niño pequeño. Tomemos como ejemplo a Caroline, la niña de tres años que tenía una bacteria imaginaria viviendo dentro de su oreja. Caroline sintió la suficiente curiosidad por la lección de su profesor para prestarle realmente atención y pensar en esas pequeñas criaturas que viven al otro lado del microscopio. Tuvo la suficiente confianza en sí misma para sentirse completamente libre como para utilizar esa información del modo que ella quisiera. Tomó el riesgo necesario para crear un personaje completamente imaginario, aunque las demás personas pudieran tomarlo como algo extraño. Pero, ¿qué hay del último ingrediente? ¿Estaba trabajando duro Caroline? Puede apostar a que sí. Caroline estaba trabajando duro, muy duro, para mantener una representación mental de esas bacterias dentro de su cabeza (y no dentro de su oreja). Ella se las estaba arreglando para manipular un «símbolo» que no se basaba en ningún referente concreto. Y el hecho de que se lo estuviera pasando bien al hacerlo, no significa que no fuera un desafío. Ya lo hemos dicho antes, pero vale la pena repetirlo una vez más: describir los logros creativos como «tareas agradables» es una gran verdad.

9

Unamos todas las piezas

El pánico de los padres acecha de nuevo

Cualquier lugar, el Mundo. Lo que sigue es una transcripción del Teléfono de Emergencia de Ser Padres que contiene las palabras de la última víctima del Pánico de los Padres, una epidemia que ataca a parejas de todo el mundo: «Necesito ayuda. Creo que el sentimiento de maternidad está acechándome tras la puerta. Estoy demasiado nerviosa para mirar. Quizá si echo una mirada con un ojo cerrado, podré ver de qué color se vuelve el test de embarazo. Oh, creo que se está volviendo azul. Sí, sin duda, es azul. ¡Estamos embarazados! ¡Oh, cielos, no me lo puedo creer! ¡Éste es el día más feliz de mi vida! ¡Voy a ser mamá! Será mejor que tome vitaminas para el embarazo. Ah, y ya no más cafeína. Y ácido fólico (¿tomo el suficiente?). Oh, no, ¿podré apañármelas durante el embarazo sin tomar medicamentos? ¿Qué pasará si no puedo darle de mamar? Y tengo que recordar lo de mi estabilidad emocional. Ah, sí, y la comida de bebés natural y una buena guardería, y la gimnasia, y la presión de mis compañeros... ¿Y qué es eso que acabo de leer sobre el cerebro de mi bebé? ¿Qué es lo que tengo que hacer para hacer que se desarrolle el cerebro de mi bebé? ¡Noooooo! Es demasiado. ¡No puedo hacerlo!».

Como padre de un niño pequeño, usted probablemente también haya sufrido algún ataque de Pánico de los Padres (y seguro que con razón).

Desde el momento en que supo que iba a tener un hijo, su vida cambió para siempre. A partir de ese momento usted ya no podía liarse la manta a la cabeza sin más, dejarse llevar y preocuparse por las consecuencias al día siguiente. Ser padres, más que cualquier otro cambio que se produzca en la vida, implica la responsabilidad final sobre otro ser humano que está llamando muy fuerte a su puerta. Criar a un niño hoy, más que en cualquier otro momento de la historia, es un proceso complejo en extremo y que está cambiando constantemente a medida que el mundo se va haciendo más complejo. Además, por todos lados encontramos ideas diferentes sobre cómo ayudar a que crezcan nuestros niños y se conviertan en adultos de éxito, felices y sanos. Los periódicos, los programasde televisión, los libros y los familiares bienintencionados nos proporcionan continuamente consejos suficientes ¡para hundir un barco de guerra!

Los bebés nacen con un potencial increíble. Son tan curiosos como los gatos y siempre están llenos de energía. Dele algo tan simple como una olla y sus neuronas empezarán a chispear como la pólvora. Y cuantas más experiencias tengan, más sólidas se volverán sus conexiones sinápticas.

¿Qué tiene que hacer un padre? Nuestro lema siempre ha sido: «Los buenos padres son los padres informados». Por eso nuestro consejo es reunir cómodamente el máximo de información, incorporar la que mejor se adapte a usted y a su bebé y saber ante todo que no hay *una* única manera correcta de criar a su hijo.

Después de oír todo esto, probablemente piense que le hemos proporcionado tanta información que no volverá a ver la luz del día. Es cierto que hay mucho que aprender sobre los bebés a partir de los trabajos de los investigadores que han dedicado sus vidas profesionales a estudiar el desarrollo de los niños. Por eso, lo que nos gustaría hacer en esta sección final es revisar algunos de los puntos más importantes, reiterar algunas advertencias importantes y facilitarle una guía para acceder rápidamente a los consejos de cada etapa del crecimiento de su bebé. Recuerde que le hemos ofrecido muchos más consejos de los que realmente querrá utilizar. Nuestro objetivo consiste en ofrecer a los padres diferentes opciones entre las que puedan elegir según el estilo de vida único de cada familia y la relación que existe entre los padres y el hijo.

Revisemos el cerebro del bebé

Los bebés nacen con un potencial increíble. Los sentidos de un recién nacido funcionan y su cerebro está lleno de miles de millones de neuronas que sólo esperan las descripciones específicas de sus tareas. Como sabemos ahora, las experiencias precoces (sobre todo las de los tres primeros años de vida) esculpirán su mente única cambiando las estructuras físicas de su cerebro. Estimulada por el mundo que le rodea, su red neuronal se volverá cada vez más compleja y establecerá los cimientos para sus futuras empresas intelectuales. Cuantas más experiencias viva, más sólidas serán sus conexiones sinápticas. Las que no se ejercitan, igual que los músculos de su cuerpo, se atrofiarán por la falta de uso. Aunque su cerebro es un órgano generoso, inteligente y preparado para respaldar todas sus necesidades, su generosidad dura poco en lo que se refiere a algunos aspectos de desarrollo. Las ventanas críticas y sensibles, aquellos períodos en los que la oportunidad para que se produzca el desarrollo son óptimos, se cierran en algunas etapas a lo largo de su infancia. A partir del momento en que una ventana se cierra, puede que ya no se pueda disponer del potencial de desarrollo que no se haya actualizado hasta entonces.

Revisemos las habilidades académicas

Cómo potenciar la inteligencia del Bebé se ha centrado en los seis aspectos del desarrollo del bebé que son los fundamentos para las habilidades académicas y el éxito escolar. Aunque estas seis áreas del desarrollo (la resolución de problemas, la memoria, el lenguaje, la lectura, el pensamiento matemático y la creatividad) han sido tratadas en capítulos independientes, es importante recordar que no se desarrollan de forma aislada, insensibles a la influencia de las demás. Por el contrario, cada habilidad depende en diferente grado de todas las demás. Por ejemplo, el desarrollo de la memoria es un requisito previo para aprender a hablar, pero la adquisición del lenguaje también fomenta las habilidades memorísticas. Igual que un equipo de montañistas que asegura cada paso en su camino hacia la cima, estas habilidades de desarrollo se ponen en marcha por sí mismas para conseguir la mayoría de edad intelectual, y cada una sirve de fundamento para el desarrollo de las demás. Sólo estando entrelazadas, como los ramales de una cuerda, se harán cada vez más sólidas.

Revisemos las advertencias

Todos los padres se preocupan y se preguntan si están haciendo lo correcto por sus bebés. En el capítulo 2 tratamos algunas inquietudes importantes que se plantean en el momento de entender el desarrollo de los niños y que creemos que pueden serle útiles para guiar su interacción con su hijo. A continuación recordamos las advertencias y las preocupaciones principales. Cuando utilice la información que haya aprendido de *Cómo potenciar la inteligencia del Bebé* o de otra fuente de consejos para ser padres, recuerde por favor:

- El amor es lo primero.
- La naturaleza y la educación trabajan juntas.
- Cada bebé es único.
- Su niño tiene su propia agenda.
- El aprendizaje activo siempre vence al aprendizaje pasivo.
- Los consejos hechos a medida proporcionan la máxima ayuda.
- Los andamios que construyen los padres contribuyen al aprendizaje.

- Los trucos de un «bebé mejor» garantizan el cuidado y el sentido común.

- Una buena paternidad significa buenos ratos, no ratos perfectos.

- ¡Diviértase!

Aprecie cada momento de la infancia de su hijo y tómese el tiempo necesario para verlo crecer. Le sorprenderá con su capacidad, le impresionará con sus descubrimientos, le hará reír con sus maravillosas revelaciones y le derretirá el corazón con cada uno de sus besos. Y recuerde, ¡incluso la cosa aparentemente más insignificante puede provocar zumbidos en la mente de un bebé!

Resumen de consejos

• A PARTIR DE 6 MESES

Consejos

Lectura

Matemáticas

Creatividad

• A PARTIR DE 9 MESES

Consejos

Resolución de problemas

Memoria

Lenguaje

Creatividad

• A PARTIR DE 12 MESES

Consejos

Resolución de problemas

Memoria

Lenguaje

Lectura

Creatividad

• A PARTIR DE 18 MESES

Consejos

Resolución de problemas

Memoria

Lenguaje

Lectura

Matemáticas

• A PARTIR DE 24 MESES

Consejos

• A PARTIR DE 30 MESES

Consejos

Lectura

Pág. 146   Empiece a practicar el juego de las rimas «cuál sobra».

Creatividad

Pág. 193   Ayude a su hijo a añadir a su dibujo realista alternativas creativas.

• A PARTIR DE 36 MESES

Consejos

Matemáticas

Pág. 172   Asegúrese de aprovechar los juegos de mesa tradicionales y los juegos de cartas para practicar con los números de forma divertida.

Pág. 179   Implique a su niño en actividades visuales-espaciales como envolver paquetes.

Pág. 180   Considere seriamente las clases de música.

Creatividad

Pág. 203   Ríase siempre de los chistes de su hijo, ¡no importa cuántas veces los haya oído!

Pág. 211   Juegue con argumentos que impliquen la participación de compañeros imaginarios.

Pág. 212   Muéstrese a favor de los compañeros imaginarios creando retratos basados en las descripciones de su hijo.